Karl Hoche. Die angestammte Heimat stieß den 1936 in Schreckenstein/Böhmen Geborenen 1945 aus. Das Angebot, auf einer Parteischule der damaligen »Ostzone« Treue zur Klasse zu lernen, fand er schwach. Die katholische Kaderschmiede in Königstein/Taunus relegierte ihn nach einem stalinistischen Verhör. Grund: fortgesetzter Unernst. Das von ihm in München mitbegründete, -betextete und -bespielte Studentenkabarett »Die Stichlinge« rieb sich in der 68er Kulturrevolution auf. Er selbst hing damals den eben erworbenen Volljuristen an den Nagel und wurde hauptberuflicher Autor. Deutsche Treue?

Beim Parodieren seiner Kollegen (»Schreibmaschinentypen«, »Das Hoche Lied« etc.) übte er Werktreue. Dann suchte er die Wahrheit in den Tatsachen und verfaßte ironische Sachbücher, eine Geschichte der Empfangnisverhütung und eine des Sozialismus. »Ein Strauß Satiren« (Knaur) war immer dabei.

Als unerwartet treu erwies sich das Kulturgeflecht der Stadt München, in der er seit 1952 lebt: Tukanpreis. Ernst-Hoferichter-Preis. Im Streiflicht der SZ tauchte er als »einer unserer besten bundesdeutschen Satiriker« auf.

Herausgeber
Dr. Rolf Cyriax

BIBLIOTHEK DER
DEUTSCHEN WERTE

Die Deutsche Treue

GEWÜRDIGT VON
KARL HOCHE

Knaur

Originalausgabe 1989

Umschlaggestaltung Adolf Bachmann, Reischach
Umschlagillustration Dieter O. Klama, München
Foto Seite 1 Isolde Ohlbaum
Satz IBV Satz- und Datentechnik GmbH, Berlin
Druck und Bindung Ebner Ulm
Printed in Germany
2 4 5 3 1
ISBN 3-426-02758-5

Die Personen

Wilhelm Friedrich Heinrich Passow (1895–1918)

Gattin: *Marie-Luise*, geb. Sauerbruck (1897–1947)

Sanitätsrat Dr. Julius Sauerbruck (1869–1933), Vater von Marie-Luise Passow

Friederike, geb. von Mueller (1873–1944), Mutter von Marie-Luise Passow

Friedrich Passow (geb. 1918), Sohn von Wilhelm und Marie-Luise Passow

Gattin: *Maria*, geb. Fröhlich (1915–1981)

Horst Kleinert (1917–1944), Jugendfreund von Friedrich Passow

Gabriele »Gabi« Renner (geb. 1934), Nichte von Friedrich Passow

Heinrich »Heini« Schitt (geb. 1921), Kriegskamerad von Friedrich Passow

Egon Qualle (geb. 1931), Chef von Friedrich Passow

Waltraud Hanke (geb. 1916), Freundin Maria Passows aus der Schwesternschule

Eva Putschke (geb. 1949), geborene Passow, Tochter von Friedrich – nicht Erzeuger – und Maria Passow

Gatte: *Hans-Jürgen Putschke* (geb. 1947)

Roswitha Backfisch (geb. 1950), Freundin Eva Putschkes

Günther Kregel (geb. 1947), Studienkollege Hans-Jürgen Putschkes

Rebecca »Rebbie« Putschke (geb. 1970), Tochter von Hans-Jürgen und Eva Putschke

Thomas »Rick« Seidelbast (geb. 1968), Freund Rebecca Putschkes

Im Feldlager, 11. August 1914

Liebste Marie-Luise!
Gerade sind wir mit einem kräftigen »Hurra!«, das freudig aus allen Kehlen strömte, ins Feindesland einmarschiert. Wir dürfen noch nicht schreiben, wo das ist, weil es hier, wie Du Dir denken kannst, von Spionen nur so wimmelt. Was der Welsche mit der Kraft seines Schwertes nicht entscheiden kann, das sucht er durch Tücke zu erreichen. Wie anders sind doch da wir Deutschen, aufrechte, ehrliche Kerle, Mann für Mann, es ist eine wahre Pracht. Franzmann habe ich noch keinen gesehen, die geben Fersengeld, sobald sie einen Preußen auch nur aus der Ferne erblicken. Wir alle sind hier voll frohen Tatendrangs. Wenn wir den Feind erst mal tüchtig verdroschen haben, sind wir Weihnachten wieder zu Hause, und dann werde ich mit aufrechtem deutschen Mut bei Deinem gestrengen Herrn Vater um Deine Hand anhalten. Der Gott, der Eisen wachsen ließ, der wollte keine Knechte. Sogar mein Gesicht hat sich verändert, seit es von Wind und Wetter gegerbt wird. Die gute alte Pickelhaube ist doch immer noch das beste gegen Pickel. Im Getümmel der Schlachten (die hier sicher noch kommen werden) reift der Jüngling nun mal rascher zum Manne. In Berlin werde ich mir einen kräftigen Schnurrbart wachsen lassen, diese Mannes-zier wird Dir nicht übel gefallen. Siegfried Neumann aus unserer alten Oberprima – wie weit ist das schon

weg, obwohl es doch nur ein paar Wochen her sind – ist auch da. Er ist gar nicht mehr der bleiche Klassenprimus, sondern ebenfalls schon ein richtiger Mann. Wir haben uns lange unterhalten und waren uns völlig einig. Treu wie die Nibelungen stehen wir fest zu unseren deutschen Brüdern in Österreich. Und wenn die Welt voll Feinde wär'.
Das wünsche ich mir auch von Dir.

Dein Wilhelm

Berlin, 27. September 1914

Lieber Wilhelm!
Die Mädchen in meiner Klasse beneiden mich alle glühend, weil mein Liebster, kaum verlobt, schon ein Held auf dem Schlachtfeld ist. Zwar sind alle Jungmänner, die genug Ehre im Leibe hatten, freiwillig zu den Fahnen geeilt, aber die wenigsten haben sich vorher schon einer Herzallerliebsten versprochen. Sind Dir denn schon die Kugeln um den Kopf geflogen? Versprich mir, daß Du immer aufpaßt. Manchmal wird mir etwas bange. Um meine Treue brauchst Du wirklich keine Angst zu haben. Das Leben hier hat sich sehr verändert. Bälle gibt es kaum noch, die jungen Tänzer sind an der Front. Und wenn des Lebens heiliger Ernst im großen Entscheidungskampf der Völker an unsere Tür pocht, dann wollen auch wir Frauen nicht mit der unserem Geschlechte eigenen Leichtfertigkeit unseren kleinen, schalen Vergnügungen nachgehen, sondern ebenfalls unseren frau-

lichen Beitrag zum Siege leisten. So sitzen wir abends bei ernstem Gespräch zusammen und stricken Verbandszeug. Man sagt, daß es vielleicht einige Verwundete geben wird. Ich warte auf Dich und denke oft an Dich.

Auf immer die Deine
Marie-Luise

Westfront, 20. März 1918

Meine geliebte Gattin!
In Gedanken bin ich immer noch bei unserer Hochzeit. Auch wenn die »Verpflegung« nicht ganz friedensmäßig war (es ist wirklich erstaunlich, was ein tapferes deutsches Weib wie Deine Frau Mutter alles aus den Steckrüben zaubern kann), so muß ich doch sagen, daß mein neugebackener Schwiegervater, der allezeit wackere Herr Sanitätsrat, einen hervorragenden Tropfen aus dem Keller geholt hat. Bei einer guten Zigarre haben wir Herren dann besprochen, was wir alles erobern müssen, um das Deutsche Reich stark zu machen. Ich selber war nicht ganz bei der Sache, da ich immer nur an meine »Eroberung« denken mußte, die mit ihrem Damenkränzchen plauderte.
Hier sieht es nicht sehr gut aus. Der Krämergeist des perfiden Albion hat genug Geld zusammengekratzt, um Tanks, von deren riesiger Größe Du Dir keine Vorstellung machst, gegen uns zu schicken. Aber sie werden an der ehernen Wehr, gebildet von Deutschlands treuesten Söhnen, zerschellen. Die

einfachen englischen Soldaten, von ihren Kaufleuten in das große Völkermorden geschickt, sind aber sehr tapfer. Bei einem ihrer Angriffe fiel Siegfried Neumann, mein Kamerad und Klassen-Kamerad aus der Oberprima. Er wurde nach jüdischem Ritus bestattet. Weiß der Teufel, wo die fixen Hebräer in dem allgemeinen Getümmel so schnell einen Rabbi aufgetrieben haben. Sein Gott, dem er zu Lebzeiten nicht besonders treu war und auf den er sich erst wieder im Kugelhagel besonnen hat, sei seiner Seele gnädig.
Der Zusammenbruch des Zarenreiches gibt uns hier wieder Mut. Die Tripelallianz zwischen den Erzfeinden England, Frankreich und Rußland war nur eklige politische Berechnung, aber nie ein richtiger Treuebund. Sowas können eigentlich nur Deutsche schließen. Und jetzt ist einer seiner Pfeiler geborsten. Dem Rest wird es auch nicht besser ergehen. Hier werden bald große Dinge passieren. Halte durch. Wenn wir alle fest zusammenstehen, können wir noch siegen.

Dein braver Gatte Wilhelm

Dienststelle Feldp.-Nr. 08/15 *den 25. März 1918*

Sehr geehrte Frau Passow!
Namens und im Auftrag der Führung der Deutschen Armeen an der Westfront erwächst mir die schmerzliche Verpflichtung, Ihnen mitteilen zu müssen, daß Ihr

Gatte, Wilhelm Friedrich Heinrich Passow, am 22. März dieses Jahres in der Nähe von Arras auf dem Felde der Ehre in Treue zu Kaiser und Reich gefallen ist. Der heldenhafte Einsatz seines Blutes bei einem Großangriff unseres Heeres wird dazu beitragen, dermaleinst den Sieg an unsere Fahnen zu heften. Ich darf Ihnen die bei Ihrem Gatten gefundenen zwei Wertgegenstände beifügen. 1 Biermarke, 1 Goethe, »Wahlverwandtschaften« (Reclam).

Ihr Max Schlieffen
Leutnant und Kompanieführer

Anlage: Wehrbezirk 1, Berlin

Die zentrale gottesdienstliche Feier für alle Märzgefallenen findet am 30. März in Anwesenheit Seiner Majestät, des Kaisers, um sieben Uhr abends in der Garnisonkirche statt. Um pünktliches Erscheinen wird gebeten.

gez. von Zitzewitz

Koblenz, Weihnachten 1918

Liebe Marie-Luise!
Zur glücklichen Geburt Deines Sohnes und unseres Enkelkindes beglückwünschen wir Dich (und uns selbst) ganz herzlich. Das ist nun die erste Friedensweihnacht, aber was ist das für ein Friede?

Julius arbeitet noch immer im Lazarett. Ihn hält hier kein Befehl, denn es gibt ja in diesem Chaos, das mal unser ordentliches Deutschland war, niemanden mehr, der etwas befehlen kann, sondern nur noch die Treue zu seinem Hippokratischen Eid. Bald jedoch werden wir nach Berlin zurückkehren, wo unsere gute Hulda tapfer die Stellung in der Bleibtreustraße gehalten hat. Und dann wird es ein trauriges aber doch auch freudiges Wiedersehen geben. Irgendwie geht das Leben immer weiter. Wie geht es dem kleinen Friedrich? Ist er ganz der Vater? Dieser hat ihn ja leider nicht mehr sehen dürfen. Wir freuen uns schon sehr auf das Kind. Und wir beide werden euch, so gut es geht, unterstützen.

Mit Grüßen von Mutter zu Mutter,
Deine Friederike

PS. Ganz herzliche Grüße auch von Julius, der sich auf seine alten Tage noch seines Titels Sanitätsrat schämen muß, er klingt ja fast wie Arbeiter- oder Soldatenrat, und damit wollen wir nun wirklich nichts zu tun haben. Der Sanitätsrat kennt da kein Pardon. Wer seinen Soldateneid bricht, ist kein Deutscher, pflegt er zu jeder unserer kärglichen Mahlzeiten zu sagen, und ich kann ihm da nur aus sorgenvollem Herzen zustimmen.

Warnemünde, den 5. August 1923

Liebe Schwiegereltern!
Herrliche Urlaubsgrüße aus Warnemünde. Die gute Tante ist wirklich sehr nett zu mir, und sie nimmt keinen Pfennig. Gott sei Dank, denn mit den vierhundert Millionen Mark, die ich noch habe, kann ich wirklich keine großen Sprünge machen. Ein Glück, daß das Billet für die Heimreise schon bezahlt ist. Tantchen hat besonders Friedrich ins Herz geschlossen. Er baut den ganzen Tag Sandburgen, und es gibt immer einen Kurgast, der ihm ein deutsches Fähnchen aufsteckt, weil seine Burg die größte ist. Manche Leute scheinen ja in diesen harten Zeiten ihr Fähnchen nur noch nach dem Wind zu richten. Ein Pensionsgast, der mir gleich als sehr unangenehm aufgefallen war, sagte mir gestern, er kenne nur eine Treue, nämlich die zum amerikanischen Dollar. Wie soll das bloß noch enden?

Weiterhin Kopf hoch,
Eure Marie-Luise und Frieder

Bückeburg, 23. Juni 1932

Liebe Mutter!
Ganz schnell ein paar Zeilen aus dem Zeltlager. Hier ist es ganz toll, das Wetter herrlich. Wir laufen, springen, klettern, werfen Handgranaten, leider noch keine richtigen, sondern nur Übungshandgranaten. Gestern, das hättest Du sehen müssen, in großen Sternmärschen kamen den ganzen Tag die Gruppen

an, zackzack hatten die alle ihre Zelte aufgebaut. Am Abend dann ein riesiges Lagerfeuer, weil Sonnwendfeier war. Da wird schwer gefeiert, daß sich von jetzt ab die Sonne wegwendet. Wir haben gesungen, mit Speeren geschmissen, eine Volkstanzgruppe war da. Und dann hat ein Junge aus Berlin eine Rede gehalten und gesagt, daß im großen Völkerringen die deutsche Front gehalten hat, aber in der Heimat kamen die treulosen Oktoberverbrecher ans Ruder, und die Front hatte den Dolch im Gewande und ihn der Heimat in den Rücken gestoßen. Zu Hause mehr.

Dein Friedrich

Berlin, 30. Juni 1932

Mein lieber Friedrich!
Deinen Brief an Deine Mutter habe ich mit großem Vergnügen gelesen. Es freut mich, daß Ihr jetzt schon so tüchtige Jungens seid, die die Fackel einmal weitertragen werden. Ihr werdet sie noch brauchen können, wenn erst mal die neuen Zeiten kommen. Dein Vater, den der große Schlachtenlenker von Walhall zu sich gerufen hat, war als Junge genau so wie Du. Er ist ja dann auch später ein Held geworden. Mit dem Dolch hast Du wohl einiges durcheinandergebracht. »Im Gewande« hatte ihn niemand, das verwechselst Du mit dem großartigen Gedicht »Die Bürgschaft« unseres Weimarer Klassikers Friedrich Schiller. Es handelt von der Treue zum gegebenen Ver-

sprechen, und es würde Dir sicher nicht schaden, wenn Du es auswendig lerntest. Das kräftigt Dein Gedächtnis und gibt Dir einen unverlierbaren Schatz mit ins Leben, den große Deutsche extra dafür geschaffen haben. In Deinem Briefe meinst Du aber was anderes. Und damit verhielt es sich folgendermaßen. In der Heimat kamen die Novemberverbrecher (nicht »Oktober-« wie Du schriebst) ans Ruder, und die haben dem im Felde unbesiegten Heer den Dolch in den Rücken gestoßen. Ich stelle das hier deshalb so peinlich genau richtig, weil auch Du in Deinem Alter schon wissen sollst, nur die absolute Wahrheitsliebe in der Darstellung dessen, was war, verhindert es, daß ein Volk den gleichen Fehler wiederholt. Ein solches Verbrechen der Treulosigkeit darf in Deutschland nie wieder passieren. Dann schon lieber den Fäulnisherd rechtzeitig sauber herausschneiden. Das ist die Erkenntnis eines Mannes, der immer mit Leib und Seele Arzt und damit so weit er es vermochte, Helfer der Menschen war. Ich gebe sie an Dich weiter, erst später wirst Du erkennen, was es wirklich bedeutet, wenn wir die Gesetze der Natur auch in unseren gesellschaftlichen Leben konsequent anwenden

Halte auch Du Dich sauber, mein Junge, auch wenn das Waschwasser kalt ist.

In diesem Sinne wünscht Dir noch viele schöne Tage in Bückeburg und überhaupt

Dein Opa Julius

Berlin, 1. Nov. 1932

Lieber Horst!
Wie gerne denke ich an die schöne Zeit im Lager zurück, auch an die tiefen Gespräche, die wir geführt haben. Ich habe in der Zwischenzeit viel über das sexuelle Problem nachgedacht. Wie jeden Jungmann drängt es auch mich zum Weibe, das scheint mir ganz natürlich. Andererseits glaube ich, daß bei den Frauen doch ganz selbstverständlich das Körperliche und damit das Sexuelle im Vordergrund steht, es ist schwer, mit einem Mädchen ein rein geistiges Gespräch zu führen, immer tändeln sie in eine andere Richtung. Ich möchte aber ganz rein und geistig sein, denn nur so kann ich stark sein. Diese Tangojünglinge widern mich in der Seele an, und ich kann überhaupt nicht verstehen, was die Mädchen an ihnen finden. Außerdem ist dieser Tanz besonders läppisch, ich konnte damit jedenfalls nichts anfangen. Der Tanzlehrer hat mich sogar von der Tanzfläche gescheucht. Ich glaube, ich bin einfach zu geradlinig und ernst für solche albernen Verrenkungen. Ich frage mich, ist es nur das bloße körperliche Interesse, welches auch wirklich hübsche nordische Mädchen nach solchen Männern ausschauen läßt? Aber was für ein Interesse kann das sein, das sich auf so bleiche, verweichlichte, pomadisierte Waschlappen richtet, die niemals Väter starker Kinder sein können.
Du weißt ja selbst, wie schwer es ist, in dieser heillosen Welt der niedrigen Asphaltzivilisation das deutsche Mannestum rein zu halten. Immer wieder zeigt der Trieb seine Macht, und die Selbstbefleckung macht mir

große Gewissensbisse. Vielleicht ist der sexuelle Wunsch in diesem Alter, da er noch nicht durch die Ehe auf anständige Weise kanalisiert werden kann, dazu da, um uns stärker zu machen. Aber ich bin es nicht immer, und in der Schalheit nach dem eitlen Sinnenrausch schlage ich die Fäuste in das Kissen. Da könnte ich diese ganze hohle, leere, ständig nur kopulierende Welt in Stücke schlagen. Wenn ich dann die ungepflegten Kerle sehe, die uns der Welt-bolschewismus in unsere Versammlungen schickt, denen man schon auf hundert Kilometer ansieht, daß Ihnen die Würde der Frau keinen Groschen wert ist, da geht dann schon mal so ein krummes Nasenbein zu Bruch. Ich tröste mich dann damit, daß ich und das deutsche Volk ohne die prinzipielle Reinheit unseres Volkstums alle diese privaten und auch politischen Anfechtungen nicht erleiden müßten, und das macht uns so schnell keiner auf der Welt nach. Was ist die »amour« des Franzosen denn anderes, als die wahllose Befriedigung der ungehemmten geschlechtlichen Gier ohne jeden Gedanken an eine geistige Verbindung. Schon beim bloßen Gedanken an sowas wie Treue machen diese Herren ja einen auf unwissend und verdünnisieren sich sofort. Diese eindeutigen Anspielungen, Tänze, Lieder, welche die »Kultur« dieses durch und durch degenerierten Volkes bedeuten, zeigen das eindeutig.

Diese sogenannte »Lichterstadt« an der Seine ist doch nichts anderes als der Puff Europas. Und der Bolschewismus mit seiner materiellen Habgier und der Verneinung aller höheren Werte ist das gleiche auf dem Felde der Politik.

Manchmal muß ich aber auch denken, werde ich denn ein nettes deutsches Mädel finden, das mich versteht und nicht so verdorben ist, daß es nur seine Tanzcafés, Kosmetikartikel und Kleiderläden im Kopf hat? Dem man erklären kann, daß das Leben viel Tieferes und Wertvolleres enthält? Und dann stelle ich mir vor, wie alles sein wird. Warum muß uns schon vorher der Trieb so quälen? Warum kommt er nicht erst dann, wenn der Mann sein Weib gefunden und gefreit hat?

Dein Zeltkamerad Friedrich

Berlin, 31. Januar 1933

Lieber Horst!
Der Fackelzug war überwältigend. Mir war so klar wie selten, alles Alte muß restlos wegbrennen, nur so können wir Jungen das Neue aufbauen. Wann brennt Berlin? Habe dabei leider ein Loch im neuen Mantel abgekriegt. Große Zeiten fordern eben ihre Opfer! Immer noch besser ein Mantel, der zum Hader wird, als der ewige Parteihader.
Nehme mir fest vor, so zu sein, wie uns der Führer wünscht. Hart wie Kruppstahl, zäh wie Leder und treu wie Windhunde!

Heil Hitler!
Friedrich

Essen, den 27. April 1933

Lieber Friedrich!
Entschuldige, daß ich so lange nicht geschrieben habe. Natürlich stehe ich noch »in Treue fest« zu unserer Zeltmannschaft vom Sommerfest, aber ich habe jetzt eine Freundin, und da ist die Zeit immer ziemlich knapp, wie Du Dir denken kannst. Es ist alles ein bißchen anders, als wie wir das damals besprochen haben. Schreib mir, wie es Dir geht. Zum Beispiel mit den Weibern. Von mir bald mehr.

Dein Horst

Berlin, den 28. Sept. 1936

Lieber Horst!
Unser Deutschlehrer denkt völkisch, von den anderen Lehrern kann man das leider nicht immer sagen, obwohl sie es tunlichst vermeiden, ihre schändliche Gesinnung aus der Systemzeit zu offenbaren. Denn sonst wären sie dran. Dafür würden wir, die Schüler, sorgen. Die Zeiten sind nämlich vorbei, als die Alten alles besser wußten und besser konnten. Heute haben sie oft Mühe, mit uns Jungen mitzumarschieren. Das »Mit uns zieht die neue Zeit« der Roten müßte eigentlich unser Lied sein, denn die sind doch längst passé, und wenn sie das nicht einsehen wollen, dann werden wir ihnen das schon noch reinprügeln.
Für diesen Aufsatz, den ich Dir zum Teil abschreibe, weil ich einiges darin für sehr wichtig halte, habe ich eine Eins minus bekommen. »Minus« nur deshalb, weil

zwar meine geopolitischen Folgerungen »richtig« waren, aber weil ich Etsch als Ätsch geschrieben habe. Vielleicht habe ich das unbewußt gemacht und wollte damit unseren Neidern im Ausland ein »Ätsch!« zurufen. Daß Deutschland sich wieder auf sich selbst besinnt und zur alten Größe zurückfindet, hätten die nicht gedacht!
Ich finde, man sollte eine Note nicht danach geben, ob jemand zufällig vor der Tintenklexerei ins Lexikon geguckt hat oder nicht. Heutzutage ist der Blitzkrieg wichtiger als Knaurs Blitzlexikon.
Und das ist das Wichtigste aus meinem Aufsatz.

Gliederung

A. Einleitung
   Kurzer Erlebnisbericht von der Olympiade
B. Hauptteil
   Welche politischen Beobachtungen konnte man machen?
C. Schluß
   Welche Schlußfolgerungen sind daraus zu ziehen?
D. Ausklang
   Immer siegt der Beste.

»Als Deutschland die Jugend der Welt zur Olmypiade in die Reichshauptstadt rief, lieferte es den besten Beweis dafür, daß die Völkergemeinschaft erst dann blühen kann, wenn jeder Volksgenosse treu

zu seinem eigenen Volk steht. US-Amerikanern, ja sogar den Negern unter ihnen, Franzosen und Italienern billigt man das zu, aber wehe, wenn der Deutsche im größten Land zwischen Etsch« (da hatte ich »Ätsch« geschrieben) »und Memel auch einmal stolz sein Haupt erhebt und auf seine alles andere überragenden Leistungen aufmerksam macht. Dann erhebt die gesteuerte internationale Presse gleich das Geheul vom deutschen ›Nationalismus‹.
Welch großartiges Beispiel des Verständnisses lieferten doch die Franzosen, welche beim Vorbeimarsch im Stadion die Arme zum Deutschen Gruß hoben. Hier konnte man eine neidlose Anerkennung der Unvergleichlichkeit des Führers und Reichskanzlers feststellen, von der wir nur hoffen und wünschen können, daß sie dereinst von ganz Europa und dem Rest der Welt geteilt wird.
Und somit komme ich zu der Schlußfolgerung, daß dieses Element in den kommenden geopolitischen Strategieüberlegungen des Deutschen Reiches fest eingeplant werden muß.«

Ist doch gut, oder?
Dein alter Freund
Friedrich »der Große«

Berlin, den 15. Februar 1937

Liebe Oma!
Hast Du gewußt, daß die Barbara Neumann eine Jüdin ist? Die war immer so ein bißchen eine Flamme von mir, obwohl sie eigentlich wenig mit mir geredet hat. Dabei war doch ihr Vater mit meinem Vater im Krieg, und ist sogar noch vor ihm an der Westfront gefallen. Und jetzt meint sie, was hier passiert, ginge gegen ihren Stolz, und sie haut ab nach Palästina. Was sagst Du dazu? Die Barbara tat immer so deutschnational, das hat sie wohl von ihrem Vater, aber nun hat sich ja wohl ihre wahre Natur herausgestellt. Jetzt weiß ich erst, was jüdische Treulosigkeit bedeutet.

Dein Friedrich

Altenstift »Höhensonne« *Bad Kissingen, den 26. 2. 37*

Lieber Friedrich!
Es ist immer menschlich sehr enttäuschend, wenn man sich in jemandem auf diese Weise irrt. Aber so ein Schlag macht einen reifer und bringt einen weiter. Man hört neuerdings einiges von Repressalien gegen die Mitbürger mosaischen Glaubens. Ich lehne das trotz alledem ab, und ich bin sicher, der Herr Sanitätsrat würde genauso denken. Ich halte es nicht für richtig, Menschen nur dafür zu bestrafen, daß sie einer Religionsgemeinschaft angehören, deren sittlich moralischer Stand niedriger ist als der, welcher das Chri-

stentum unserem deutschen Volk gebracht hat. Man soll sie isolieren, statt drangsalieren. Barbara dürfte in ihrer Erziehung nie erfahren haben, was die Treue des Deutschen zum eigenen Blut und zur eigenen Erde bedeutet, ihre Tradition ist der wurzellose Kosmopolitismus, weshalb es für sie auch nicht schwierig war, in den Orient zu ihresgleichen umzusiedeln.
Laß Dir dieses Erlebnis zur Lehre geraten, such Dir eine Frau, deren deutsche Abstammung verbürgt ist und die daher die Treue sozusagen mit der Muttermilch eingesogen hat. So hat es auch der Sanitätsrat mit mir gehalten, und ich glaube sagen zu dürfen, daß er trotz meiner immer wiederkehrenden schweren Migräneanfälle mit mir glücklich geworden ist.
Das wünscht auch Dir

Deine Oma

Reichsparteitag 1938, Nürnberg

Liebe Mutter!
Man hat hier das überwältigende Gefühl, daß ständig abwechselnd die eine Hälfte des deutschen Volkes an der anderen vorbeimarschiert. Alle geeint unter dem stählernen Willen des Führers. Gott hat seine Deutschen nicht verlassen, in seiner tiefsten Not hat er ihn uns geschickt. Er hat uns so gestärkt, daß wir es uns sogar leisten können, dem selbst ernannten »auserwählten Volk« den ihm gebührenden Platz in der Welt anzuweisen.

Beim stundenlangen Stehen in Reih und Glied ist mir ein sehr tiefer Gedanke gekommen. Denn wir sind ja nicht nur das Volk der Dichter, wie es man so richtig sagt, sondern auch das Volk der Denker. Und das ist mein Gedanke: Gerade in der uralten deutschen Stadt der Lebkuchen ist mir klar geworden, daß das deutsche Volk nicht nur leben, sondern ein größeres Stück vom Kuchen haben will. Nach kurzem inneren Ringen habe ich daher den unumstößlichen Entschluß gefaßt, der Waffen-SS beizutreten. Wenn mein Volk aufsteht und um seine eigene und die Existenz seiner Kinder für die kommenden Jahrtausende kämpft, kann ich mich nicht feige drücken, sondern will und muß an vorderster Stelle mit dabei sein. Ich nehme an, daß Du meinen ehernen Entschluß billigen wirst, er ist auch im Sinne unseres gefallenen Vaters. Habe in Nürnberg einen wunderbaren Film gesehen. Zarah Leander ist wirklich einmalig!!
Ich grüße Dich mit einem mannhaften »Heil Hitler«,

Dein Friedrich

Berlin, 10. Sept. 1939

Mein lieber Sohn!
Ich fürchte, daß die gute alte Reichspost langsamer ist als unsere siegreiche Wehrmacht, die nach Osten voranstürmt, aber irgendwo wird Dich dieses Brieflein Deiner treusorgenden Mutter schon erreichen. Oder ist die »Feldpost« genau so schlagkräftig wie das Heer?

Unsere Nachbarin, Frau Kurowsky, hat noch von ihrem verstorbenen Gatten, einem Reichswehroffizier, der viel in Rußland zu tun hatte und Zeit seines Lebens an diesem Land, ja sogar, stell Dir das vor! an den Bolschewiken hing, eine alte Generalstabskarte, und da stecken wir jeden Tag nach den Sondermeldungen des Oberkommandos der Wehrmacht mit Stecknadeln die Front neu ab. Ich mußte eine neue Schachtel kaufen, weil sich die neuen Grenzen immer weiter ausdehnen. Wir alle hoffen, daß Du bald nach Hause kommst, Berlin bereitet einen großen Empfang für seine jungen Helden vor.
Bleib gesund, wünscht Dir

Deine Mutti

Im Osten, 16. Okt. 1939

Lieber Mutter!
Ich habe ein einzigartiges Erlebnis hinter mir, eine gemeinsame Parade mit der Roten Armee in Lemberg. Wir haben damit den Sieg über Polen gefeiert. Einige Kameraden konnten nicht verstehen, daß wir zusammen mit den bolschewistischen Untermenschen auftreten sollen. Sie meinten, das wäre allenfalls mit den Italienern möglich, mit denen wir doch den »Stahlpakt« geschlossen haben. Aber ich stand treu zu meiner nationalsozialistischen Weltanschauung und konnte ihnen beweisen, daß gerade dieser raffinierte Schachzug die geniale Weitsicht des Führers beweist. Er hat die Russen benutzt, um die Polacken schneller und

unter geringeren Verlusten zu erledigen. Und was die Bolschewisten angeht, ist noch nicht aller Tage Abend...
Hier wird es langsam frostig, aus dem Osten weht es kalt herüber. Ich werde bald zu Hause sein, denn das hiesige Deutschtum ist jetzt stark genug, das jämmerliche Polenpack niederzuhalten.
Bis dahin alles Gute,

Dein Friedrich

Berlin, 4. April 1940

Liebe Oma!
In Berlin ist jetzt wirklich schwer was los. Man merkt eben doch, daß der Nationalsozialismus ein Aufstand der Jugend gegen die verkalkten alten Säcke war. Die schwülen Lasterhöhlen, wo die Schieber ihr ergaunertes Geld mit irgendwelchen Huren verpraßten, gibt es nicht mehr, aber ich muß sagen, Mädels und Jungen treffen sich hier sehr frei und natürlich. Das ist ja wohl die notwendige Voraussetzung, wenn das deutsche Volk dereinst den Osten bevölkern soll. Bevölkerungspolitische Maßnahmen und die Freuden der Liebe passen ideal zusammen. »Kraft durch Freude« war genau der richtige Ausdrück dafür, und ich kann Dir sagen, ich fühle mich ziemlich kräftig, auch wenn die KdF-Schiffe nicht mehr fahren, weil uns die englischen Plutokraten wieder einmal die Luft abdrücken wollen. Da werden wir wohl eines Tages mit dem Schwert dazwischenschlagen müssen, und

dann sieht die Welt wieder ganz anders aus. Inzwischen läßt der Dr. Goebbels die UFA-Puppen tanzen.
Unter diesem neuen Blickwinkel muß man übrigens auch die Treue zwischen Mann und Frau anders sehen. Die richtige Treue ist die, welche dem Volk nützt, das heißt, seine baldige und schnelle Vermehrung fördert. Ein saft- und kraftstrotzender deutscher Mann wird selbstverständlich sein Weib ehren, insbesondere wenn das Mutterkreuz sie ziert.
Aber seine Kraft darf nicht verloren gehen, wenn diese Frau aus natürlichen Gründen nicht mehr gebären kann. In diesem Fall zuzustimmen, daß der Samen in das richtige Gefäß geleitet wird, das wird ihre wahre Größe ausmachen. Möge es genügend Frauen geben, die den Mut zu diesen modernen sittlichen Anschauungen aufbringen, wünscht sich

Dein Enkel Friedrich

Altenstift »Höhensonne« *Bad Kissingen, 20. 4. 40*

Lieber Friedrich!
Ich habe Deinen Brief gelesen und finde ihn sehr interessant. Ich verstehe wohl nicht mehr alles, was die Jungen heute bewegt. Zu unserer Zeit war das alles noch ganz anders. Ich weiß nicht, was der Herr Sanitätsrat zu allen diesen Sachen gesagt hätte, obwohl er immer sehr mit der Jugend gegangen ist. Der liebe Gott hat es so eingerichtet, daß die Frauen

ein wenig früher altern als die Männer, und in seiner Gerechtigkeit wird er ihnen damit nicht nur etwas Schlechtes angetan haben. Mit zunehmendem Alter fällt dann ja auch manche Verpflichtung weg, die sich im Laufe eines Lebens manchmal doch als recht drückend erwies. Mir hat es jedenfalls keine Schwierigkeiten bereitet, Julius immer treu zu sein. Und ich habe mich wenig darum gekümmert, wie er es gehalten hat.

Für ihn selbst war wohl das Treueste, was er auf dieser Welt sein eigen nannte, sein Schäferhund. Als er ihn im Garten unter dem Kirschbaum, wo Hasso im Sommer immer so gern gelegen hatte, mit einem leisen Dank an Mutter Erde, von der wir alle genommen sind, zurückgegeben und dann den Findling drüber gewälzt hat, habe ich ihn, der sich sonst so beherrschen konnte, das einzige Mal fast weinen sehen. Und vielleicht hatte er damit sogar in gewisser Weise recht. Auch im besten Menschen steckt doch immer ein bißchen Arg und Falschheit, Du selbst hast das ja schon am eigenen Leibe verspürt. Gott sei Dank sind wir Deutschen damit weniger geschlagen als manche andere, aber mit einem Hund können selbst wir uns nicht vergleichen. Vor allem wenn der Hundeführer sich nicht nur so nennt, sondern ein richtiger Führer ist.

Im Stift hat ein junger SA-Mann einen sehr interessanten außenpolitischen Vortrag gehalten. Er sagte, daß die Germanen ihre alte Politik, den Zug nach Süden, endlich aufgeben, und dafür nach Osten ziehen. Das war wohl wirklich nötig. Ich freue mich,

daß unsere neuen Herzöge Adolf Hitler und Joseph Goebbels, die schon im Aussehen so getreulich unseren alten Germanen gleichen, nun endlich diese neue Politik gefunden haben.
Ich brauche dringend eine neue Brille. Der Optiker sagt, er gibt mir ein gebrauchtes Gestell. Denn in den Gestellen ist Stahl, und aus dem macht man heute notwendigere Dinge. So ist dann vielleicht in einem Panzer, der in Richtung Elsaß rollt, auch noch ein bißchen von meiner Brille mit drin. Und sogar Deine alte Oma kann darauf noch ein wenig stolz sein. Denn wenn uns die anderen Völker das große Ringen aufzwingen, dann dürfen wir nicht zurückstehen.
Ich hoffe, Du besuchst mich mal zu Kaffee und Kuchen.

Deine Großmutter

Essen, 21. April 1940

Lieber Friedrich!
Erinnerst Du Dich noch an unser tiefsinniges Gespräch über »das sexuelle Problem«? Nun ja, mich hat es jetzt endgültig zu Krupp nach Essen verschlagen, und ich habe inzwischen geheiratet. Die Probleme verschwinden nicht, aber mit der Zeit sehen sie doch ziemlich anders aus. Es wird halt mit der Ehefrau immer weniger aufregend, wenn der ganze Zauber erst einmal vorbei ist. Da gibt es dann andere Werte, die Kinder – wie haben zwei, Paul ist jetzt 4 und Marianne 2 –, das gemeinsame Heim, das man sich

geschaffen hat, die gemeinsamen Erlebnisse, die man früher hatte und so weiter. Vielleicht ist das Problem schließlich nur noch die Treue. Aber für einen Deutschen, zumal wenn man dann langsam älter wird, ist das kein Problem mehr, da ich ja auch im Betrieb jetzt sehr gefordert bin. Das ganze Ruhrgebiet erlebt ja einen immensen Aufschwung, nachdem unsere stählerne Ware nach so langer Krisenzeit endlich wieder gefragt ist in Deutschland. Die Dankbarkeit der Kollegen ist überwältigend, das konnte man an der gestern durchgeführten zentralen Geburtstagsfeier für den Führer erleben. Der deutsche Mensch will nun mal arbeiten, das unterscheidet ihn von anderen Nationen, die mehr an das süße Nichtstun oder mit dreißig schon an den Ruhestand denken und den meisten Teil ihres Lebens nur Rotwein trinken und angeln wollen. Wenn ich abends heimkomme, bin ich meistens so müde, da geht es dann gleich ab in die Falle. Es würde mich interessieren, was die anderen Jungens aus unserem Zug damals im Lager so treiben. Hast Du noch irgendwelche Verbindungen? So ganz sollte man die ja nicht sausen lassen. Viele Grüße, auch unbekannterweise von meiner Frau,

Dein alter Freund Horst

Smolensk, 20. Juli 1941

Liebe Mutter!
Unser Großdeutsches Reich hat ja bisher schon einiges Geplänkel an allen möglichen Fronten mitgemacht, aber glaube mir, jetzt geht der große Weltenbrand erst richtig los, denn jetzt haben wir den Hauptfeind am Schlafittchen. Ich sehe nur brennende Dörfer. Die großen Städte liegen noch vor uns. Und das kann man wirklich sagen. Weit überlegene deutsche Technik und Organisation, die Manneszucht des deutschen Soldaten beschert uns einen Sieg nach dem anderen. In immer gigantischeren Kesselschlachten machen wir sie zur Suu, kassieren wir das Menschenmaterial der Roten Armee ein und werden es umgehend nach Deutschland verfrachten, wo genug Arbeit auf sie wartet. Sie wirken alle ziemlich apathisch, wie das eben ist, wenn man unter einer Diktatur dahinvegetieren muß. Anders als die Ukrainer, die unsere Stoßtrupps manchmal mit Brot und Salz empfangen haben, schauen uns die Russen trotz ihrer Niedergeschlagenheit mit ziemlich viel Haß an. Da kann man sehen, wie sie von ihren Politkommissaren verhetzt worden sind. Oft haben sie die stumpfen Massen ihrer Soldaten mit der Waffe in die Schlacht getrieben. Bei ihrem Anblick wird mir klar, warum Dostoweski den »Idiot« geschrieben hat.
Wie anders sind doch da wir Deutschen. Von der Liebe zu unserer Heimat beseelt, in Treue und Gehorsam fest zum Führer und seinen Generälen stehend, erringen wir einen großartigen Sieg nach dem anderen.
Jetzt geht es wieder ran an den nächsten Kessel. Das ist

sowas ähnliches wie Schlachttag beim Fleischer. Auch daran dürfte es Euch nicht fehlen, es geht von hier eine Menge Schlachtvieh in Richtung Heimat. Hoffentlich bin ich auch bald dabei. Das wünscht sich und Euch

Euer Friedrich

Berlin, 16. Oktober 1941

Lieber Friedrich!
Glaubst Du, daß Ihr im Winter noch in Rußland seid? Frau Kowalski sagt, da kann es ziemlich kalt werden. Das Winterhilfswerk hat sich schon ganz auf unsere tapferen Soldaten im Osten eingestellt und sammelt unermüdlich. Ich habe von Vater ein Paar Halbschuhe und einen Seidenschal gegeben. Es fiel mir nicht leicht, mich von diesen Sachen zu trennen, aber so einen Schal trägt man heute nicht mehr.
Wir haben einen neuen Blockwart. Neulich war er auf ein Schnäpschen da, ein sehr netter Mann. Er hat mir erklärt, was ich alles für den Luftschutz brauche. Ich meine, dafür ist eigentlich Hermann Göring zuständig. Und der macht das ja wirklich prächtig. Er konnte sicher nicht ahnen, daß der Heß nach England fliegt. Der Treueste der Treuen kann sowas ja nur machen, wenn er verrückt ist. Und daß er das ist, weiß man ja inzwischen. Mich würde nur interessieren, seit wann?
Der Blockwart sitzt im ersten Stock. Die Wohnung ist freigeworden, da man den Herrn Rechtsanwalt samt

Familie jetzt doch abgeholt hat. Vier schöne Räume, genau das Richtige für ein Volk ohne Raum.
Wo sollen wir bloß jetzt noch die Millionen russische Gefangene unterbringen? Nun ja, den deutschen Komfort sind die ja sowieso nicht gewöhnt. Aber Du, das meine ich, Du solltest ihn bald wieder einmal genießen. Ich mache Dir auch ein ganz heißes Bad, wenn Du heimkommst.
Und vergiß nicht, die warmen Socken anzuziehen, die ich Dir gestrickt habe.

Deine Mutti

Vor Moskau, 24. November 1941

Liebe Mutter!
Das Wetter ist strenger geworden, und ich meine das nicht nur klimatisch. Uns kommt es so vor, als hätten wir alle den Iwan ein bißchen unterschätzt. Am Ende ist er noch nicht, aber wir werden ihn schon noch in die Knie zwingen. Wir sind auch schon mit anderen fertig geworden, die vorher große Töne gespuckt haben. Als ich das erste Mal Moskau im Zielfernrohr hatte, war das für mich ein richtiger seelischer Reichsparteitag. Vorläufig kann der Russe aber immer noch mit frischen Reserven an Menschen und Material aufwarten, während sich unsere langen Versorgungswege doch gelegentlich bemerkbar machen. Seine technische Unterlegenheit ist für uns nicht immer von Vorteil, der große Stalin hätte ruhig ein paar bessere Straßen nach Moskau bauen können. So sind wir genauso

wie die Russen auf Väterchen Frost angewiesen, wenn es vorwärts gehen soll.
Ich habe in der Etappe ein paar Dinge gesehen, an die man sich erst gewöhnen muß. Meinen SS-Kameraden, die hinten mit den Sonderkommandos und Einsatzgruppen eine ganz schöne Dreckarbeit machen müssen, dürfte einiges nicht leichtfallen, was da zu tun ist, wenn man von den paar Sadisten absieht, die es überall gibt. Am Schreibtisch läßt sich manches ausdenken und befehlen, das dann in der Praxis ziemlich hart werden kann. Nichts für humanitätsduselige Weichlinge. Da muß man eben durch. Es macht ja gerade den Deutschen aus, daß er auch Unangenehmes mit hoher Moral durchsteht. Es kommt dazu, daß dadurch viel an Transportkapazität und Munition draufgeht, das im Krieg gegen den Iwan besser angewendet werden könnte.
Wenn ich das hier so alles sehe, die vielen Toten, muß ich immer erst mal meinen inneren Schweinehund überwinden. Ich denke dann an Richard Wagner, der gesagt hat, »Deutsch sein heißt, eine Sache um ihrer selbst willen treiben.« Besser kann man es nicht ausdrücken.
In einem Monat ist Weihnachten. Auch wir erwarten hier viel Schnee. Aber freuen tun wir uns gewiß nicht darauf.
Feiert schön und denkt an mich.

Dein Sohn Friedrich

Pirna, 3. Februar 1942

Lieber Onkel Friedrich!

Kannst Du Dich an mich erinnern? Ich bin Deine Nichte Gabriele, genannt »Gabi«, und jetzt schon vierzehn Jahre alt. Die Tochter von der Frau, die der Mann von der früheren Halbschwester von irgend jemandem war, der mit Dir verwandt ist. So genau weiß ich das auch nicht. Die Lehrerin hat gesagt, wir sollen an Frontsoldaten schreiben, die wir kennen, damit die sich da draußen nicht so allein fühlen. Bei uns hier kämpfen alle Männer nur an der Heimatfront. Vati ist Kassenwart bei der Deutschen Arbeitsfront (er sagt immer: »ein Arbeiter der Stirn unter lauter Arbeitern der Faust«), mein richtiger Onkel wirkt in der Verwaltung in Dachau mit, das ist ein KL bei München, wo die Verbrecher hinkommen, der andere Onkel hat ein Geschäft arisiert und erst mal richtig saubergemacht, kein Wunder, daß ich bei der Altpapiersammlung die Beste war. Mein Bruder ist Ahnenforscher und macht Stammbäume, mein zweiter Bruder war geisteskrank und ist leider in einer Heilanstalt an plötzlichem Herzversagen verstorben. Alle leben und sterben in Treue zum Nationalsozialismus, auch wenn sie nicht Soldaten sind.

Die Gruppenführerin sagt, ich bin weizenblond, aber ich fürchte, bei mir langts mit der Haarfarbe bloß bis zu Haferflocken, und darüber habe ich mich oft schon erbsengrün geärgert. Blaue Augen wie Hans Albers, der mein Lieblingsschauspieler ist, habe ich auch nicht. Neulich sind ein paar von uns statt der Musikstunde ins Kino ausgebüxt. Als der Direx, der immer aussieht

wie der Kohlenklau, uns gerade eine Standpauke halten wollte, was wir schon wieder ausgefressen hätten, gab es Voralarm. Das war vielleicht ein Hallo, als er uns in den Keller schicken mußte. Der Terrorangriff war wirklich knorke, denn er kam gerade zur rechten Zeit. Ein bißchen Angst hatte ich dann aber doch wegen meinem Kaninchen, das mir Mammi geschenkt hat. Es ist ganz weiß und hat über dem Auge – von ihm aus gesehen rechts – einen schwarzen Tupfer. Am liebsten ißt es Kartoffelsalat. Ist aber nichts passiert. Die Flieger sind über uns weg. Die Flak hat doll geballert. Vati sagt, die sind Richtung Dresden geflogen. Dort ist aber auch alles heil geblieben. Bei Glaube und Schönheit bin ich die beste Tänzerin in unserer Gruppe, vor allem, wenn wir als zukünftige Mütter unseres Volkes die Keulen schwingen. Vielleicht bin ich doch ein richtiges germanisches Mädel. In Rechnen schreibe ich immerfort »Fünfer«. Ich glaube, bei einem Mädchen ist das nicht so schlimm. Ich finde Rechnen furchtbar langweilig. Vati schimpft aber immer sehr, der sagt, das braucht man am meisten im Leben. Aber der ist ja auch Geschäftsmann.
Wie geht es Euch da draußen? Puh, bei uns ist das Wetter auch ziemlich schlecht, man kann nicht mal richtig Schlittschuhlaufen. Zu Weihnachten habe ich eine himmlische rote Wollmütze mit Bommel geschenkt bekommen, von der Oma eine Uhr und von Mammi vierzig Punkte auf der Kleiderkarte.
Viel Zeit hast Du wohl nicht, ich sehe immer in der Wochenschau, was Ihr alles machen müßt, um unsere Heimat gegen die Russen zu verteidigen. Schreib mir

doch mal, wenn Du Zeit hast und keinen Dienst schiebst, ich würde mich freuen. Ganz viele herzliche Grüße in den Schützengraben, auch von der ganzen Familie und von der BDM-Gruppe sendet Dir Deine

Gabi

Am Don, 26. Juli 1942

Liebe Oma!
Jetzt stehen wir am Don. Du kannst es auch auf einer kleinen Karte finden, denn nicht weit davon im Osten liegt Stalingrad. Leicht war es nicht, und wir haben schwere Verluste erlitten. Ungarische, italienische und rumänische Truppen, die hier eingesetzt werden, können das auf gar keinen Fall wettmachen. Die Kampfmoral der Italiener stellt unsere Bündnistreue oft auf eine harte Probe. In manchen Fällen wäre es fast günstiger, wir wären nur auf uns allein gestellt, auf jeden Fall könnten wir dann Stärken und Schwächen unserer Front besser einschätzen. »Der Starke ist am mächtigsten allein«, wie Schiller ganz richtig im »Tell« sagt. Eine Tatsache, an die jeder denken sollte, der Bündnisse schmiedet. Der Russe erweist sich als unerwartet zäh, er merkt, daß wir in Stalingrad nicht nur ihn, sondern auch den Bolschewismus und seinen Führer aufs Haupt schlagen werden. Es geht eben hier vor allen Dingen um den Kampf zweier Weltanschauungen, bei der die eine »auf freiem Grund mit freiem Volke stehn« (Goethe) möchte, und die andere

den Menschen nach Sibirien schickt. Von dort kommen zur Zeit allerdings immer neue Armeen, es ist erstaunlich, welche Kräfte dieses schon längst am Boden liegende Volk immer noch mobilisieren kann. Mit Stalins Brutalität läßt sich eben doch einiges bewerkstelligen. Aber nicht auf die Dauer. Lange geht das nicht mehr so weiter. Sonst wird sogar »der Friederich, der Friederich zu einem argen Wüterich«. Weißt Du noch, wie Du mir immer den Struwwelpeter vorgelesen hast? Ich wünsche Dir einen schönen Lebensabend in Deinem ruhigen, warmen Zimmer, das ich jetzt auch brauchen könnte.

Dein Enkel Friedrich

Berlin, 3. Sept. 1943

Liebe Waltraud!
Wie gehts Dir? Mich kannst Du jetzt nicht mehr »treulose Tomate« (selber eine!) schimpfen, denn hier ist was ganz Tolles passiert. Ich glaube, ich habe den Richtigen getroffen. Und ich habe Dir schon immer gesagt, wenn erst mal der Richtige kommt…
Er heißt Friedrich, und er weiß noch gar nichts von seinem Glück. Auf seinem Koppelschloß steht zwar, »Unsere Ehre heißt Treue«, aber ob wir armen Frauen damit gemeint sind? Auf dem Ohr hören ja die Männer ganz schlecht. Meiner hier sowieso. Wir haben hier einen Transport gekriegt von der Panzerschlacht in Kursk, und die sind alle schwerhörig. Die müssen ungeheuer was auf ihre Eisenkästen draufgekriegt

haben, ein richtiges Trommelfeuer aufs Trommelfell. Er sieht sehr, sehr männlich aus, soweit man das in den Verbänden erkennen kann. Ich würde ihn ja am liebsten statt gesund so richtig krank pflegen, damit er nicht wieder raus muß. Aber heutzutage getraut man sich ja nicht einmal, einen Mann zu lieben, weil das vielleicht Wehrkraftzersetzung ist. Unsere Schwester Oberin ist da besonders streng. Gestern haben wir Mädchen im Schwesternzimmer ein bißchen zu Radiomusik geschwoft, da hättest Du die aber mal hören sollen!
Schreib mir doch auch mal, wie es Dir mit den Männern geht. Das interessiert mich brennend. Ich halte Dich dafür auf dem laufenden.

Deine »Schwester« Maria

Berlin, 27. Sept. 1943

Liebe Waltraud!
Leider habe ich von Dir noch nichts gehört. Ist denn bei Euch in Litzmannstadt überhaupt nichts los? Weißt Du noch, wie wir uns kurz vor der Abschlußfeier in der Schwesternschule alle geschworen hatten, daß wir treu zusammenhalten und uns nie aus den Augen verlieren wollen, egal, was passiert? Ach, was waren wir damals noch für dumme, kleine Mädchen. Wir konnten ja nicht ahnen, was da wirklich alles passieren wird. Manchmal ist es aber auch was sehr Schönes, und deshalb schreibe ich Dir. Ich war tanzen. Ja, mit IHM.

Er heißt Friedrich, falls Du meinen letzten Brief nicht gekriegt hast, und er sieht wirklich gut aus. Er durfte nur kurz weg, weil er noch nicht auf dem Damm ist, kleiner Genesungsurlaub, tanzen konnten wir nicht, weil das linke Bein noch ein bißchen kaputt ist. Und zum Reden sind wir auch kaum gekommen wegen Bombenalarm. Er ist auch ziemlich verschlossen, das ist ja gerade das Männliche. Aber außerdem glaube ich, daß unsere tapferen Jungens da draußen viel mitmachen. Man merkt das auch daran, daß sie so wenig drüber reden. Bei mir ist das anders. Ich brauche jemanden zum Reden, wenn wirklich was los ist. Du könntest ruhig mal antworten. Oder hast Du überhaupt keine Zeit, weil es da einen Mann gibt, der Dich so beansprucht?????!!

Deine Maria

Berlin, 15. Dez. 1943

Liebe Waltraud!
Vielen Dank für Deinen Brief. Er war ein bißchen sehr kurz. Freust Du Dich denn gar nicht, daß Ihr ins Reich verlegt werdet? Sicher gibt es da eine Menge Arbeit. Hast Du schon den »Absender« gesehen? Ich heiße jetzt Passow. Ferntrauung. »Bis der Tod Euch scheidet«, klingt ein bißchen seltsam, wenn mein Mann an der Front ist. Da kann es so schnell gehen. Manchmal denke ich, ich bin noch gar nicht verheiratet, nicht nur, weil mein Mann sich das so plötzlich überlegt hat, auch nicht weil eine frische Ehefrau sich immer erst

mal dran gewöhnen muß, sondern weil die Telefonverbindung so schlecht geklappt hat. Eigentlich habe ich immer nur ein Krächzen und Rauschen gehört. Wenn da die Fernmeldesoldaten gemurkst haben, und ein anderer in der Leitung war? Stell Dir vor, dann bin ich ein Leben lang »falsch verbunden«. Aber wer kann schon sagen, ob die Bindung, welche er eingeht, die richtige war. Und schon gar nicht, wenn es so Knall auf Fall geht. Es wird alles nicht so einfach sein, wenn der Krieg erst mal vorbei ist, ich weiß ja nicht einmal, wie er tanzt – und sowas passiert mir, kannst Du Dir das vorstellen? Aber ich bin fest entschlossen, im Frieden ein neues Leben aufzubauen. Mit einem Mann zusammen ist es sicher auch leichter.

Das wünscht auch Dir
Deine Maria

Altenstift »Höhensonne« *Bad Kissingen, den 6. 2. 1944*

Lieber Friedrich!
Mich bedrängt schon seit längerer Zeit eine Frage. Laßt Ihr nicht bei manchen »Frontbegradigungen« unabsichtlich den Russen zu weit herein? Ich glaube, daran solltet Ihr auch denken. Sonst bekommt ja die Heimat Angst. Ich habe das auch schon an die Gauleitung geschrieben, aber keine Antwort bekommen. Aber vielleicht liegt das daran, daß die sich jetzt um so viele Dinge kümmern müssen.

Manchmal denke ich, ich bin die einzige, die hier im Stift noch treu zu unserer Weltanschauung hält. Die jungen Schwestern sind alle weg in die Lazarette, viele von den Alten, die Nationalsozialisten waren, sind gestorben und die neu Hereinkommenden sind oft nur zynisch. Das ist sicher draußen anders, wo das ganze Volk zusammensteht. Wir Alten können da sowieso nicht mehr viel beitragen, eigentlich sind wir ja nur unnütze Esser. Viel zu Essen gibt es hier allerdings nicht mehr. So müssen eben auch wir tapfer durchhalten. Bleibe gesund, das wünscht Dir am allermeisten

Deine Oma

Im Osten, 4. März 1944

Liebe Maria!
Hier geht es ziemlich drunter und drüber. So ein Rückzug ist das Schlimmste, was einem passieren kann. Manchmal sehe ich sogar einen Ort wieder, den ich schon vom Vormarsch kenne. Das ist wie Kotzen, es kommt einem wieder hoch. Wir machen hier verbrannte Erde. Den Willen, die russische Erde jemals mit deutschen Wehrbauern zu besiedeln, hat die Führung ja wohl inzwischen aufgegeben. Aber wir halten durch. Wir hatten gute Jahre gehabt mit dem neuen Reich, und jetzt, wo es vorübergehend ziemlich hart wird, schmeißt ein Deutscher nicht einfach hin. Das sind wir dem Führer schuldig. Wir werden siegen, weil wir siegen müssen. Nach dem, was wir hier

gemacht haben, bleibt uns gar nichts anderes übrig. Stalingrad ist jetzt schon über ein Jahr her. Und trotzdem haben wir es noch nicht richtig verdaut. Ich bin überzeugt, daß die Russen dort deshalb so verbissen gekämpft haben, weil die Stadt den Namen ihres Diktators trägt. Mir will das nicht in den Kopf. Wie kann man einen millionenfachen Massenmörder, der die eigene Armee praktisch enthauptet hat, und das ist wirklich keine Greuelpropaganda, so treu ergeben sein, daß man sogar sein Leben für ihn opfert. Das ist doch eine Perversion des Treuebegriffs.
Der Iwan drückt mit ungeheurer Stärke auf unsere Stellungen. Das hätten wir nie geahnt. Das Kämpfen ist ganz anders geworden als früher. Es gibt noch immer eine Führung, es kommen Befehle usw. In Wirklichkeit geht es aber im Moment nur darum, daß die eigene Truppe zusammenhält wie Pech und Schwefel, damit so viele wie möglich durchkommen. Man kämpft nur noch für die Truppe, das Wort »Kameradschaft« bekommt da einen ganz neuen Sinn, von ihr hängt es ab, ob Du verreckst oder doch noch im letzten Moment türmen kannst. »Ich hatt' einen Kameraden« kann ich nicht mehr hören, ich habe es schon zu oft hören müssen. Wenn es wieder einen erwischt hat, singen wir das Lied nicht mehr, wir haben ja meistens nicht einmal mehr die Zeit, ihn zu verscharren, es geht immer nur zurück, zurück. Kannst Du Dich noch an meinen alten Freund Horst erinnern? Aus dem Sommerlager 32? Ich habe Dir von ihm erzählt. War die ganze Zeit in einem rüstigungswichtigen Betrieb. Jetzt haben sie ihn doch rausgeschickt.

Gefallen. Auf eins kann man sich hier absolut verlassen. Das sind die Läuse. Die bleiben bei Dir bis ins Grab. Wir hoffen alle, daß die V-Waffen bald zum Einsatz kommen. Die Reichsleitung wird und darf uns nicht im Stich lassen. Denn lange halten hier Mensch und Gerät nicht mehr durch. Ich aber schon.

Dein Friedrich

PS.: Es gibt hier so Latrinenparolen, wo es heißt, daß wir mit dem Ami gegen die Russen weitermachen werden. Dann soll sich der Ami aber beeilen! Den Brief gebe ich einem Verwundeten mit, da ist die Wahrscheinlichkeit, daß er schließlich doch noch bei Dir landet, größer.

Garmisch, 2. November 1945

Lieber Friedrich!
Du kannst Dir gar nicht vorstellen, wie mir war, als ich gestern das erste Lebenszeichen von Dir aus der Gefangenschaft erhalten habe. Die Tante hat es an mich weitergeschickt, wir sind ja völlig ausgebombt und hierher evakuiert worden. Ich habe es gleich Bob erzählt, das ist ein sehr netter Ami-officer, der mir in der recreation area den Job als Zigarettenmädchen verschafft hat. (Die Amerikaner, das weißt Du noch nicht so, nennen alle Leute mit Vornamen. Ich heiße hier nur Bloody Mary, weil ich natürlich bei dieser Arbeit stark geschminkt sein muß.) Bob war auch ganz

baff und meint, ich soll Dir ein schönes Paket schicken. Hier sitze ich ja direkt an der Quelle. Für Zigaretten kannst Du aber auch wirklich alles kriegen, deutsche Frauen sowieso. Die erholen sich alle vom Dritten Reich, von wegen »Eine deutsche Frau raucht nicht!« Und wie! Aber Du brauchst die nicht, Du hast ja dann mich, wenn Du wiederkommst. Ich bin nicht schlecht geworden. Und mit Negern habe ich überhaupt nichts. Über die fünfundzwanzig Jahre Strafhaft mach Dir mal keine Sorgen, das wird nicht so heiß, bzw. in Sibirien so kalt gegessen, wie das gekocht wird. So ein leichtes Leben haben wir hier auch nicht, schön ist es eigentlich nur im Club, da ist es warm, es gibt reichlich zu essen und auch mal einen Schluck dazwischen. Seit ungefähr anderthalb Monaten dürfen die Amis ganz offiziell fraternisieren, und Du kannst mir glauben, sie betreiben das wie die Wilden, da muß unsereiner richtig aufpassen.

Mit true love von
Deiner Mary

Workuta 47/11, den 10. Dezember 1946

Liebe Maria!
Das ist alles ein bißchen fremd, die Wörter, die Büchsen, wo der Öffner schon drangeschweißt ist und weggeschmissen wird. Die Kameraden konnten das auch nicht entziffern. Wir müssen sehr hart arbeiten, ich hatte so eine Art Typhus und bin vom Donnerbalken gar nicht runtergekommen, aber sie haben

mich durchgebracht. Abends stehen oft welche am Zaun und starren nach Westen, wo die Sonne schon längst untergegangen ist. Die Treue zur Heimat ist das einzige, was uns noch aufrecht hält. Die Russen sagen, Hitler wäre nicht im Kampf um Volk und Reich gefallen, sondern hätte sich einfach aus dem Staub gemacht. Ich muß sagen, das ist es, was wir ehemaligen Frontschweine ihm am meisten übelnehmen. Er hat unsere Treue schlecht vergolten. Ein von den Russen unterstütztes »Nationalkomitee« schickt Vortragsredner, wer da eintritt, kriegt besseres Essen. Aber der deutsche Soldat zieht das Lageressen vor! Manchmal habe ich das Gefühl, daß unsere Wachen das ähnlich sehen. Denn auch sie sind Patrioten. Es gibt immer wieder wilde Gerüchte, daß wir bald heimkommen.

Dein Friedrich

Garmisch, 30. Juni 1948

Lieber Friedrich!
Stell Dir vor, unser Geld ist abgeschafft und wir haben neues gekriegt. Vierzig Mark. Auf einmal sind die Läden voll. Und zwar genau bei den Geschäftsleuten, die vorher immer mit treuherzigem Augenaufschlag behauptet hatten, es wäre nichts da. Was dieses Gesindel jetzt verkauft, haben Leute hergestellt, die dafür mit wertlosen Reichsmark abgespeist worden sind. Der Kaufmann ist noch schlimmer als der deutsche Bauer, der sich seine Treue zur Scholle so

hoch bezahlen ließ, daß er inzwischen mit den Teppichen der hamsternden Hungerleider aus den Großstädten seinen Kuhstall auslegen kann. Was ist aus unserem deutschen Volk geworden? Ich habe Gott sei Dank damit nichts zu tun, da ich – zumindest bei den tips – in Dollar bezahlt werde. Und die können mit der neugebackenen Deutschen Mark immer noch mithalten. Ich glaube, wenn Du kommst, wirst Du Dich über manches ziemlich wundern. Nur ich bin noch ganz »Deine« Alte geblieben.

Mit vielen Küssen,
Deine Maria

PS.: Westberlin wird zur Zeit aus der Luft versorgt, da es auf den Straßen »Transportprobleme« gibt. Was das kostet! Die Berliner ertragen es tapfer. Muß denn immer erst eine Not kommen, damit die Leute ihre Treue beweisen können? Aber gerade in der Not werden auch viele untreu. Ich weiß, wovon ich rede. Ob wir eines Tages auch wieder in Berlin leben werden? Schön wäre es schon. Aber zur Zeit bin ich hier in Garmisch bei den Amis besser aufgehoben.

Workuta 47/11, den 29. Sept. 1949

Liebe Maria!
In dem, was wir hier zu lesen kriegen, steht, daß Adenauer ein »Faschist« und »Revanchist« ist. Ob uns ein solcher Mann hier rausholen kann? Wir sind sicher, daß uns das deutsche Volk nicht in der Scheiße sitzen

lassen darf, denn wir können doch nicht alleine ausbaden, was Deutschland insgesamt verbockt hat. Das wissen alle hier, auch die Lagerleitung. Bis es aber soweit ist, heißt es noch fleißig schuften, um wieder aufzubauen, was wir kaputtgemacht haben. Rabota, rabota, dawai, dawai! Aber ich denke an Dich und halte das schon durch. Mit vielen, ganz herzlichen Grüßen,

Dein Friedrich

Garmisch, den 17. Juni 1949

Lieber Friedrich!
Heute fällt es mir etwas schwer zu schreiben, da ich nicht weiß, ob Du mich verstehen wirst. Dabei glaube ich aber, doch mehr oder weniger in Deinem Sinne gehandelt zu haben. Du warst doch immer der, welcher das »Geistige« hochgehalten hat, auch wenn die Zeiten noch so schlimm wurden. Wie alle hohen Werte ist natürlich auch die Treue ein geistiger Wert, und daran habe ich mich ganz bestimmt immer gehalten. Ich glaube, wenn man die geistige Treue nicht bricht, kommt es wirklich nicht so darauf an, was der Körper tut. Nur so konnte es passieren, und es gab auch keine schnelle Möglichkeit, es wegzumachen. Deshalb muß ich Dir heute ein kleines Geheimnis anvertrauen. Wir werden zu dritt sein, wenn Du wieder zurückkommst. Das Töchterchen heißt Eva und ist wirklich ganz entzückend. Gut dabei ist, daß ich nicht die dummen Sprüche anhören muß von wegen

»ganz der Papa«. Wer der ist, weiß ich nicht so genau, aber Gott sei Dank war es ganz bestimmt kein Neger. Die Ungewißheit hat den großen Vorteil, daß da nicht irgendwelche Bindungen entstehen können. Kannst Du mir noch einmal verzeihen? Es wird nicht wieder passieren.

Deine trotz allem Maria

Workuta 47/11, den 20. Juli 1949

Liebe Maria!
Sowas muß man erst mal verdauen. Es kommt mir so vor, daß in Deutschland jetzt alles anders ist. Da muß ich mich erst reinfinden. Ein Kamerad schrieb mir, daß in seinem Heimkehrertransport einer war, der von »seiner« Frau und ihrem Neuen in einem Riesenauto abgeholt wurde, ihn haben sie hinten reingepackt wie ein lästiges Paket und sind losgefahren. Kurz danach hat er sich dann erhängt. Das hätte er hier auch haben können, dann hätte er sich eine Menge Strapazen erspart. Ich weiß nicht, wie ich mich in dem heutigen Deutschland, das wir fast nur aus Ostzonenzeitungen kennen, zurechtfinden werde.

Ein verwirrter Friedrich

Garmisch, 12. Juli 1950

Lieber Friedrich!
Stell Dir vor, ich habe ein Auto. Das hättest Du nicht gedacht, daß das kleine »Dummchen«, wie Du in Berlin immer gesagt hast, sowas schafft. Es war gar nicht so schwierig. Der Dollar hat ja einen so sagenhaft guten Wechselkurs. Und im Club kommen ganz schöne Trinkgelder rein, wenn man ein bißchen weiß, wie man mit den heimwehkranken Boys umgehen muß. Es sind alles große, naive Kinder, man muß nur wissen, wie man sie zu nehmen hat.
Wenn ich mit dem Volkswagen (das ist nichts anderes als der »Kraft-durch-Freude«-Wagen, den Du immer nach dem Krieg kaufen wolltest) durch unsere schöne Landschaft brause, Eva habe ich bei einer guten »Oma« abgestellt, die sich für wenig Geld um sie kümmert, dann denke ich mir manchmal, daß so ein Autochen viel treuer ist als ein Mensch. Zum Beispiel Bob ist längst zu seiner family in die Staaten abgeschwirrt. Von mir aus hätte er auch früher fahren können. Jedesmal, wenn wieder einer irgendwo abtaucht, muß ich an Dich denken. Liebe ist eben was anderes. Mein treuer VW jedenfalls startet, wenn Du willst, wenn er nicht gerade kaputt ist, aber auch ein Mensch ist mal krank. Er fährt, so lange Du willst, wohin Du willst und braucht bloß manchmal was zu trinken – wie der Mensch auch.
Mit diesem Auto sehe ich erst, wie schön unsere deutsche Heimat wirklich ist. In die Städte fahre ich nicht, ich kann und will die Trümmer einfach nicht mehr sehen. Die wunderschöne Heimat ist ja das

einzige, was unserem Volk noch geblieben ist und die kann uns auch niemand wegnehmen (nicht mal die vielen Heimatvertriebenen und Flüchtlinge, die sich hier breit machen und ganz schön bevorzugt werden). Die Amis sind da ganz anders, die fahren mal hierhin, mal dorthin, wohnen mal in Florida und mal in Arkansas, aber schlagen nie Wurzeln. Ständig lassen sie sich scheiden. Bob war auch so einer, ich bin wirklich heilfroh, daß ich ihn los bin.
Wir werden später zusammen mit dem Kind schöne Fahrten machen, wenn Du erst wieder da bist, eine Kollegin kam gerade von einer ganz, ganz tollen Auslandsurlaubsreise. Stell Dir vor, sie war bis in Rimini. Sowas wäre für uns schon erschwinglich. Adenauer war auch schon auf Staatsbesuch in Italien. Wir drücken ihm alle die Daumen, denn nur er weiß, wie es mit dem deutschen Volk wieder aufwärts gehen wird. Wußtest Du, daß es hier schon seit einem Jahr keine Lebensmittelkarten mehr gibt? Ich muß ein bißchen auf meine »Linie« aufpassen. Denn bei mir ist Aussehen money.

Alles Gute,
Deine Mary

Pirna, den 25. Dezember 1955

Lieber Onkel, liebe Tante!
Ganz herzlichen Dank für das liebe Paket, das gerade noch rechtzeitig zu Weihnachten angekommen ist. Wir freuen uns alle riesig, daß die großmütige Sowjetunion

nun doch den Onkel aus der Kriegsgefangenschaft entlassen hat, obwohl er damals 25 Jahre aufgebrummt gekriegt hat.
Inzwischen ist ja Eure sogenannte »Dienststelle Blank« das geworden, was es schon immer war, nämlich ein Kriegsministerium, das man immer noch verschämt »Verteidigungsministerium« nennt. Die letzten Kriegsgefangenen, die heimkommen, treffen also die ersten Soldaten, die wieder einrücken müssen. Und dazu ist Strauß auch noch Atomminister geworden. Und die KPD, die als einzige die wahren Interessen des arbeitenden Volkes Westdeutschlands vertritt, will man als verfassungswidrig erklären. Aber was kann man von einem Land der Nazis, Junker, Schlotbarone, Trusts und Monopole, das sich blind dem USA-Imperalismus in die Arme wirft, anderes erwarten.
Die alte Nationalhymne habt Ihr auch wieder eingeführt. Fehlt nur noch das Horst-Wessel-Lied. Aber das kommt sicher auch noch. Denn bei Euch kommt ja alles wieder. Ich kann darüber nur lachen. Die »deutsche Treue« in »Deutschland, Deutschland über alles«, so wie Ihr sie versteht, ist doch nichts anderes als Eure hysterische NATO-Gläubigkeit. Dieser können wir nur mit unverbrüchlicher Freundschaft zu unserem sowjetischen Bruderland begegnen, damit der Frieden in Europa gewahrt werden kann. Das Vertrauen unserer Jugendlichen hat mich inzwischen zu einer Funktionärin der FDJ gemacht, und auch Vati, Mammi und mein »hiesiger« Onkel arbeiten am Wiederaufbau eines demokratischen, friedliebenden,

wahrhaft neuen Deutschlands begeistert mit. Sie alle lassen Dich herzlich grüßen und hoffen, daß auch Du eines Tages den einzigen richtigen Weg erkennst, der Deutschland wieder in die Gemeinschaft der Völker hineinführt.
Mammi läßt fragen, ob Ihr vielleicht – falls Ihr wieder mal ein Paket schickt – ein paar Ölsardinen und etwas Marzipanschokolade hineintun könnt. Dank der Unterstützung durch die räuberische USA geht es Euch im Augenblick etwas besser als uns, aber auch in punkto Essen wird es eines Tages heißen: »Deutsche an einen Tisch!«

Das wünscht Dir und uns
Gabriele (»Gabi«)

Berlin, 1. November 1962

Lieber »Heini«!
Je länger es zurückliegt, desto öfter muß ich an die grauenhafte Lagerzeit und an die Kameraden dort denken. Sie haben sich ja inzwischen in alle Himmelsrichtungen zerstreut. Du bist eigentlich der einzige, zu dem ich noch Kontakt habe. Ich weiß noch recht gut, wie wir damals alle gemeinsam den Schikanen der Russen widerstanden haben, so gut es ging. Anders war das nicht zu machen. In was für ein Deutschland sind wir zurückgekommen? Hat es nicht inzwischen alles verraten, wofür wir gekämpft und gelitten haben? Da betreibt ein »Nachrichtenmagazin« kaltblütig Landesverrat, um damit dem Iwan gefällig

zu sein, wenn er rüberkommt, und außerdem auch noch einen Haufen Geld zu verdienen. Und wenn diese Verbrecher endlich eingelocht werden, gehen die Leute auf die Straße, um dagegen zu protestieren. So weit hat es diese Journaille schon gebracht. Wo Du hinguckst, nur Verseuchung und Aufweichung, von Pflichtgefühl und Opfergesinnung keine Rede mehr. Ich sage Dir ganz ehrlich, für dieses Volk würde ich meine Knochen nicht mehr hinhalten, das hat es nicht verdient. Da würde ich sogar die Knarre in die andere Richtung halten und durchziehen. Dieses Drecksgeschäft Politik interessiert mich nicht mehr, mich hat die Politik einmal in die Scheiße getaucht, das reicht mir. Ich sehe jetzt nur zu, daß ich mir eine anständige Existenz aufbaue, und der Freie Berlin bietet hierfür doch eine ganze Reihe von Möglichkeiten, wenn man seine Augen offen hat. Ein altes Frontschwein wie ich weiß immer noch, wie man was organisieren muß.

Wie wäre es mal mit einem Kameradschaftstreffen? Kennst Du noch welche? Wenn wir Adressen rausfinden, und die gefundenen Kameraden wieder nach Adressen fragen, müßten wir im Schneeballsystem alle wieder zusammenkriegen. Sollten wir in Berlin zusammenkommen, könnte ich ein paar außergewöhnlich preisgünstige Dinge für einen Herrenabend, der sich gewaschen hat, organisieren. Spaß muß nun mal sein!

Dein Kamerad Friedrich

Berlin, 3. November 1962

Sehr geehrter Herr Passow,
angesichts Ihrer langen Verbundenheit mit unserer Firma und unserer außergewöhnlich fruchtbaren Zusammenarbeit, durch die das Markenzeichen »Schwarze Spinne« für unsere Reizwäsche nicht nur im Raum Berlin, sondern auch im Bundesgebiet durchgesetzt werden konnte, halten wir es für sehr bedauerlich, daß Sie außerstande waren, das Fehlen bestimmter Summen, sofort stornierte Scheinaufträge und offensichtlich doppelte Spesenabrechnungen hinreichend zu erklären. Auch die Berliner CDU, das darf ich in diesem Zusammenhang sagen, zeigt sich sehr befremdet, daß Sie Ihre Geschäftsreisen und insbesondere den geschäftlich notwendigen Besuch in einschlägigen Etablissements zusätzlich auch noch mit ihr abgerechnet haben. Wir haben uns daher schweren Herzens dazu entschlossen, Sie wegen Untreue zu entlassen.
Angesichts unseres langen erfolgreichen Zusammenwirkens und der immer wieder bewiesenen Treue zu den Zielen unserer gemeinsamen Partei, angesichts auch der Tatsache, daß Sie beabsichtigen, in Zukunft einer Treuhandgesellschaft beizutreten und wir Ihnen da keinen Stein in den Weg legen wollen, haben wir uns nach erneuter Rücksprache in der Geschäftsleitung dazu entschlossen, Ihnen in der Anlage ein Empfehlungsschreiben auszuhändigen, welches das Äußerste dessen darstellt, das wir mit unserem Gewissen als Kaufleute noch vereinbaren können.

»Schwarze Spinne«
Reizwäsche en gros und detail
Landwehrkanal 24
1 Berlin

EMPFEHLUNGSSCHREIBEN

Herr Friedrich Pasow hat von März 1957 bis zum November dieses Jahres zu seiner vollsten Befriedigung als Reisender für unsere Firma gearbeitet, zuletzt in seiner Stellung als Gebietsrepräsentant für Großberlin.
Obwohl erst zwei Jahre zuvor aus russischer Kriegsgefangenschaft entlassen, hat er sehr schnell realisiert, daß es nicht nur darauf ankommt, »sich warm anzuziehen«. Seine Erfolge dürften auch damit zusammenhängen, daß er gleichzeitig seine politische Heimat in einer Partei fand, die sich dem Wirtschaftswachstum besonders verpflichtet weiß. So wurde seine Arbeit doppelt fruchtbar. Er machte sich sehr schnell mit jedem Detail vertraut, das in unseren Trikotagen steckte, die Kundinnen merkten bald, daß sie es hier mit einem Fachmann zu tun hatten, den sie nicht hinters Licht führen konnten, da er ihnen häufig über war. Seine Abschlüsse waren zum Teil verblüffend. Die ihm anvertrauten Gelder verwaltete er mit einer Umsicht, die gelegentlich sogar den Geschäftsführer erstaunte. Er verläßt uns auf seinen Wunsch. Herr Passow wird in seinen Abrechnungen eine schwer zu füllende Lücke hinterlassen.

Angesichts der von ihm bewiesenen Qualitäten halten wir ihn für besonders geeignet zu einer Tätigkeit als Treuhänder im Berliner Raum, dessen Eigenheiten er kennt, da er bereits eingearbeitet ist.

gez. i. A. Egon Qualle
stellvertr. Controller
z. Z. Moabit

Berlin, 27. Juni 1963

Liebe Roswitha!
Es ist wirklich ein Jammer, daß Du mit Deinen Eltern wegfahren mußtest. Gestern ist hier nämlich was ganz Unbeschreibliches passiert, an das ich mich mein ganzes Leben lang erinnern werde. KENNEDY war in Berlin. Alle Berliner waren auf den Beinen, so einen Jubel hat es hier sicher noch nie gegeben, höchstens mal bei Adolf, sagt mein Papa. An mir ist er ganz nahe vorbeigefahren, er sieht sowas von süß aus. Wenn man damit unseren Adenauer vergleicht, der Berlin sowieso nicht leiden kann, sagt der Papa. Jetzt weiß ich, daß Politik nicht bloß etwas ist, was irgendwelche alten Knacker treiben, und was die deutsche Jugend nicht interessiert. Und dann seine große Rede. »Ick bün ein Ber-li-ner!« die Leute waren ganz weg. Es ist ja oft nicht so schön, eine kleine Insel in einem riesigen roten Meer zu sein, ich kriege manchmal Platzangst und will nichts wie mal raus. Aber Kennedy hat uns wieder klargemacht, was es

heißt, das Bollwerk des Freien Westens gegen die östliche Unterdrückung zu sein. Das war es vermutlich, was die Leute so verrückt gemacht hat. Ich glaube nicht, daß er in Amerika mehr bejubelt wird, als das hier in Berlin passiert ist. Er hat uns gezeigt, daß Amerika immer zu uns stehen wird, was auch kommen mag. Ist es nicht wunderbar, daß es gleichzeitig auch das Land von Elvis und James Dean ist? Von heute an werde ich immer ein bißchen Geld sparen, denn ich will unbedingt mal nach Amerika fahren. Fährst Du mit? Leicht wird es nicht sein, denn Mami sagt, der Dollarkurs ist verheerend. Man muß ganz schön D-Mark hinblättern, um ein paar »Greenbacks« einzutauschen. Papi wird mir schon ein paar Märker dazugeben, wenn er sieht, wie fleißig ich spare. Ich bin ganz sicher, daß sich die Mühe lohnen wird. Es ist ein junges Land, das der Jugend der Welt die Hand reicht. Ich glaube, daß die Amerikaner Berlin ganz besonders ins Herz geschlossen haben, weil wir doch damals während der Blockade durchgehalten haben. Wenn Du zurückkommst, kakeln wir das alles mal in Ruhe durch, ich habe ein paar Prospekte vom Reisebüro. Ich bin schon ganz reisesüchtig…

Deine Freundin Eva

Berlin, Frühling 68

Hallo Eva,
wenn Du glaubst, Du wärst schon dann eine richtige Linke, wenn Du regelmäßig den US-Imperialismus verdammst und auf den Vietnam-Krieg schimpfst, dann muß ich Dir leider sagen, daß Du Dich da täuschst, solange Du Dich im sogenannten »Privaten« ganz anders verhältst.
Du hast da neulich bei dem Sit-in, wo Du neben mir gesessen bist, ein paar Statements abgelassen, die derartig reaktionär waren, daß sie so einfach nicht stehenbleiben können. Über Liebe, Treue und so. Was dazu zu sagen ist, hab ich mal alles so aufgeschrieben. Entschuldige, wenn das Paper hektografiert ist, aber ich finde, das geht alle an, das ist nicht bloß so ein individueller Scheiß. Aber Du wirst sicher Deine bescheuerten Argumente wiedererkennen, insofern ist es auch eine Antwort an Dich, die ich hier bloß verallgemeinert habe. Letztendlich geht es auch hier darum, das Allgemeine im Besonderen zu finden und umgekehrt.
Es schadet Dir nichts, wenn Du Dir das alles mal zu Gemüte führst. Und ruf mich gleich an, wenn Du es gelesen hast.

Venceremos,
Hans-Jürgen

Die Treue, oder wie das Bürgertum sich selbst reproduziert.

Jeder von uns weiß, daß es auch heute noch Fälle gibt, wo sich eine Frau dem Sex verweigert. Die Ausreden kennen wir, sie gehen von »heute nicht so gut drauf« (Regel) bis dahin, daß sie an irgendeinem Typen hängt. Was sind die wahren Hintergründe dieser Verschleierungsmechanismen?
Die Sache mit dem Typen ist schon mal ein guter Hinweis. Mit ihm betreibt sie Monopolsex. Die Herrschaft der Monopole spiegelt sich also in einem falschen Bewußtsein, welches die Frau dazu bringt, eine genuin gesellschaftliche Tätigkeit wie die Sexualität dahingehend zu pervertieren, daß sie ihre Vagina, ein tendenziell gemeinschaftliches Organ, da es der Fortpflanzung der Gesellschaft dient, nur einem Begünstigten zugänglich zu machen.

Die sexuell monopolisierte Kleinfamilie ist demzufolge der Perpetuierung des bürgerlichen Besitzdenkens bis in die sogenannte »private« Sphäre hinein geschuldet. Der menschlichen Triebstruktur wird hier ein »Gefühl« übergestülpt, das der Staat als Repressionsinstrument der herrschenden Klasse mit seinen Standesämtern, unterstützt von den Kirchen, zu verstärken hofft. Eine genauere Analyse erweist jedoch, daß es diese vom Bürgertum erzeugte »Liebe« und damit das »Private« nicht gibt, welches uns die Bewußtseinsindustrie in ihren »Liebes«-filmen, Klatschspalten und mit Human Interest aufgemöbelten »Nachrichten«-Magazinen zu vermitteln sucht. Die Losung kann daher nur lauten:

Defloriert das Bewußtsein der Frauen von der von den Überbaumedien geschaffenen »Blume der Romantik«, denn »Liebe ist nur wie ein Glas Wasser!« (Alexandra Kollontai)

Unter den in Deutschland herrschenden Verhältnissen der Weimarer Zeit mußte die vom agrar-industriellen Komplex propagierte sexuelle Treue, welche nur der ständigen Regeneration der »industriellen Reservearmee« diente, zwangsläufig im Faschismus enden. Die Verweigerungshaltung, welche noch heute von einem Teil der bewußtseinsmäßig zurückgebliebenen Mädchen und Frauen gegenüber einem »nicht-ehelichen« Geschlechtsverkehr eingenommen wird, erweist sich damit als faschistisch und führt direkt in die Konzentrationslager der bürgerlichen Familienstruktur und ihrer horrenden Unterdrückungsmechanismen.
Hauptaufgabe der Organe der verfaßten Studentenschaft wird es sein müssen, den Weg freizukämpfen für die gerade in der BRD historisch längst überfälligen emanzipatorischen Prozesse.
Die Eifersucht ist nichts anderes als das Interesse des Kapitaleigners an der Rendite, es ist der Wunsch, in regelmäßigen Abständen in den »Genuß« der Erträge zu kommen. Die dahingehenden Ansprüche des Kapitalisten müssen »befriedigt« werden, wie ein entlarvendes Wort verrät.

Frage: Müssen zuerst die Monopole zerschlagen werden, um die Sexualität zu vergesellschaften, oder wird eine vergesellschaftete Sexualität als Basis den ökonomischen Überbau der Monopole zerschlagen? Was tun?
Antwort: »Manche spielen gut Klavier, andere schlecht, und die Melodien, die dabei herauskommen, unterscheiden sich stark voneinander« (Mao). Was heißt das in unserer Situation? Es kann nur bedeuten, daß wir auf beiden Klaviaturen spielen müssen. Wir müssen die Monopole zerschlagen, das wird uns sexuell befreien, aber gleichzeitig müssen wir das Sex-Monopol zerbrechen, denn nur sexuell entspannte Genossen sind stark im revolutionären Kampf. Unseren Genossinnen rufen wir zu! Eure produktive Mitwirkung ist notwendig. Ihr seid im Bett die wahre Basis, aus der die großen Umwälzungen hervorgehen. Jeder von diesem Staat nicht legitimierte, jeder nicht in irgendeinem bescheuerten monogamen Verhältnis vollzogene Fick ist ein Fick gegen Springer, gegen die Amerikaner in Vietnam, für die Befreiung der Dritten Welt. Wir müssen alles tun, damit die Genossinnen und solche, die es werden wollen und sollen, das endlich einsehen. Es wird ein sehr, sehr langer Marsch werden, und die Mühen der Matratzen-Ebene sind ungeheuer, aber am Schluß wird das siegreiche Proletariat stehen.

Frage: Gibt es für uns keine Treue?
Antwort: Doch. Aber wir haben »dem Familien-

verhältnis seinen rührend-sentimentalen Schleier abgerissen« (Manifest), unsere Treue heißt anders. Sie heißt Solidarität

- zur Arbeiterklasse, auch wenn sie BILD liest, sie wird es nicht mehr lange tun
- zu den Unterdrückten der Dritten Welt
- zur Wissenschaft von der menschlichen Gesellschaft, die uns Marx, Engels, Reich und Marcuse gelehrt haben
- aber nicht zu irgend so einer Frieda, die uns ins bürgerliche Standesamt schleppen will.

Genossinnen! Macht alle mit! Auch wenn nicht jeder von uns wie Che aussieht! Nieder mit den Hosen, mit denen uns die Herrschenden doch nur voneinander trennen wollen!

Berlin, nach Verabschiedung der Notstandsgesetze

Hey Hans-Jürgen,
deinen pseudolinken Genossinnenbumszwang kannst du dir sonstwohin stecken. Wir finden diese Macker-Macken längst zum Kotzen. Genau das kommt raus, wenn die sozialistischen Eminenzen ihre bürgerlichen Schwänze Theorien ausspucken lassen: Die Verwandlung der Frau in eine jederzeit verfügbare Ware. Wir lassen uns nicht mehr stopfen, sondern stopfen euch euer revolutionäres GELABER in die eigenen Großmäuler zurück.

Eva, Weiberrat

Berlin, 22. Oktober 1969

Liebe Eva,
ich habe mir Dein Paper aus dem Weiberrat gut »aufgehoben« (Hegel). Ich finde, verglichen damit läufst Du eigentlich mit fast zu vielen verschiedenen Typen durch die Gegend. Außerdem ist euer Telefon entweder belegt oder Du bist nicht da. Aber das ist nicht mein Bier. Deshalb jedenfalls der Brief. Wir machen hier mit ein paar Leuten eine Willy-Brandt-Fete. Der ganz große Schritt ist es zwar sicher nicht, aber Willy als Kanzler ist immerhin ein kleiner, wenn ich an Adenauer und auch noch Kiesinger denke. Wenn Du willst, kannst Du ein bißchen rüberkommen. Ich würde mich echt freuen, wenn Du kämst.

See you later,
Hans-Jürgen

Berlin, 1. Dezember 1969

Lieber Hans-Jürgen,
ich habe das Gefühl, Du schnallst nicht, daß da inzwischen Prozesse gelaufen sind. Ich finde es einfach lachhaft, wenn Du mir vorwirfst, daß ich mit Kalle in der Kneipe war. Wenn ich das so lese, denke ich wirklich, ich spinne. Wo sind wir denn, im Mittelalter oder was? Eines Tages kommst Du noch mit dem Keuschheitsgürtel an. Und sowas Beklopptes auch noch heiraten, das ist ja wohl das Schärfste überhaupt. Also wenn da nicht ein gewisser Freiraum da ist, ist

das Ganze von vornherein gestorben. Mütterchen am Herd ist bei mir nicht drin. Reflektier das mal durch.

Eva

Berlin, 23. Dezember 1969

Liebe Eva,
was machen die Weihnachtsferien? Ich habe hier mit dem Pfarrer gesprochen. Ohne die Formel »Bis daß der Tod Euch scheide«, macht er es nicht. Dieser Drecksack weiß natürlich ganz genau, daß wir unter dem Druck der Eltern stehen und deshalb zu ihm müssen. Es gibt mehrere Möglichkeiten. Die Ehe sausen lassen, finde ich nicht so stark, da wir ja doch emotional irgendwie drinhängen. Bloß standesamtlich, da gibt es Knies nicht nur mit Deinem sondern auch mit meinen Eltern. Und die wollen ja alle zur Hochzeit ganz schön was ausgeben. Ich schlage vor, wir schlucken die Formel und denken während der ganzen Zeremonie einfach an die bürgerlichen Scheidungsgesetze, die einen ja doch von diesen kirchlichen Vampiren einigermaßen unabhängig machen. Tut mir leid, daß das Ganze mit einer so großen Hypothek anfängt (aber eine auf der Eigentumswohnung wäre sicher auch nicht viel besser, und dafür zahlen die Alten ja ganz schön). Irgendwo wollen wir ja doch beisammenbleiben, sonst hätte ja die ganze Heiraterei wenig Sinn. Also, was soll's! Viele Küsse überallhin

von Deinem Hans-Jürgen

Berlin, Weihnachten 1970

An alle,
hiermit geben wir kund und zu wissen, daß dem Proletariat eine neue Kämpferin geboren worden ist. Sie heißt Rebecca, ist 48 Zentimeter lang und 2890 Gramm schwer. Zur Taufe wollen wir sie alle kräftig begießen. Für Getränke ist gesorgt. Am vorletzten Abend im alten Jahr. 30. Dezember 70. Ab 19 Uhr.

Eva und Hans-Jürgen

Berlin, 2. 3. 72

Lieber Günther,
ich hab da ein Problem. Der Willy hat da ein Ding rausgelassen, das sich »Radikalenerlaß« schimpft und mir ganz schön was vermasseln kann. Ich möchte doch Mathe-Lehrer werden, bin es eigentlich schon fast, und jetzt erhebt sich auf einmal ein Gespenst, von dem ich nie gedacht hätte, daß es mich davor einmal gruseln wird. Ich habe mal für den SDS kandidiert, bin dann sozusagen nach rechts abgewandert in den SHB, das war aber dann trotzdem noch zu links, denn die SPD hat ja unnachsichtig eins ihrer ungebärdigen Kinder nach dem anderen in den linken Orkus verstoßen. Und jetzt stehe ich auf einmal da als Verfassungsfeind und darf die Kinder nicht mit meinen mathematischen Formeln verderben. Gerade auf uns Lehrer haben sie es besonders abgesehen. Aber da kann ich nur unter Aufbietung meiner letzten Reste an schöngeistiger

Erziehung frei nach Schiller sagen: »Und die Treue, sie ist doch kein Lehrer-Wahn!«
Mit der Verfassungstreue ist das nämlich ein ganz eigen Ding. Wenn ich selbst als absolut Treuer, der das Grundgesetz sogar gelesen hat, anmahne, daß die Verfassungsschützer mit Spitzeln und Lauschangriffen Verfassungsfeinde sind, und daß zum Meinungsspektrum einer freien Gesellschaft auch die Kommunisten gehören – egal, wie man zu ihren Meinungen steht – stelle ich mich ja damit schon automatisch außerhalb der FDGO (die wird nämlich vom Standort der Verfassungsschützer definiert) und werde auf diese Weise selbst flugs zum Verfassungsfeind. Es wird vielleicht eine Anhörung geben, und ich weiß nicht, ob das ein reguläres Verfahren ist, bei dem man auch Zeugen benennen und befragen lassen kann. Falls dem so ist, könntest Du vielleicht bezeugen, daß ich immer verfassungstreu war. Die einschlägigen GG-Artikel habe ich Dir kopiert und lege sie bei. Du siehst daran, daß ich mich an sie gehalten habe und daß es die anderen waren, die das nicht taten.
Sollte ich kein Lehrer werden dürfen, dann werde ich mich vielleicht ein wenig intensiver mit diesen Computern beschäftigen. Ein Freund hat mich da neulich mal in seinem Institut an einen rangelassen, und ich habe da so ein bißchen rumprobiert. Ich muß sagen, das ist faszinierend. Computer sind endlich mal hochkompliziert entwickelte Gebilde, die wirklich logisch reagieren, also genau das bringen, was im Gesellschaftlichen immer so ungeheuer schwer herzustellen ist. Ich bin nach wie vor der Meinung,

daß es machbar sein müßte, auch ein gesellschaftliches System zu programmieren, wenn man alle einschlägigen Daten und die Bedeutung der Befehle kennt und die Gesetze der Logik beachtet. Dann wäre unser Polit-System auch nichts anderes als ein großer Computer, und es sitzen nur die falschen Leute dran, nämlich die Gefühligen und die Dummen (was ja so ziemlich dasselbe ist).
Das wars. Jetzt haue ich mich erst mal hin. BASIC macht Spaß, und ich frage mich, ob es sowas wie BASIC SOCIALISM gibt. Aber vermutlich muß man doch direkt in die Maschine reinprogrammieren, und das ist nicht so einfach. Sei so nett und guck dir mal die Kopien vom Grundgesetz an. (Davon kursieren offenbar viel zu wenig in unserer Gesellschaft, bzw. sie werden nicht gelesen.) Ob Du für mich was machen kannst?

So long.
Hans-Jürgen

Kreta, mitten im Sommer 1975

Lieber Hans-Jürgen,
das ist also nun unser erster getrennter Urlaub, und ich muß sagen, je länger ich über mich als Frau nachdenke, desto mehr komme ich zu dem Ergebnis, es mußte wohl mal sein. Nicht, was Du und die anderen Männer jetzt gleich wieder meinen, ich würde sogar behaupten, im Gegenteil. Ihr Männer seht Treue ja ungeheuer verengt, für euch bedeutet sie ausschließlich

zwei Sachen. 1. Kein anderer darf an das Ding ran. 2. Die »treue« Frau hat es ihrem Macker Tag und Nacht zur Verfügung zu stellen. Und genau so ist es eben nicht, wie frau inzwischen weiß.
Zu Nummer eins ist es schon mal unmöglich, daß ihr euch in diesem Punkt so total auf den Körper fixiert. Treue ist doch nicht eine Frage, wer wen bumsen darf, sondern hängt doch auch mit dem Kopf zusammen. Wenn frau sich dabei einen anderen vorstellt, ist sie dann treu? Aber sowas geht ja wohl nicht in euer beschränktes Gehirn rein. Frau hat gelernt, sich zu ihren Phantasien zu bekennen und »man« würde sich verdammt wundern, wenn er wüßte, was da so abläuft.
Noch schlimmer ist es aber mit Nummer zwo. Unsere Mütter haben uns so erzogen, daß Weiblichkeit ständige Verfügbarkeit bedeutet und Männlichkeit, daß ständig jemand für den Mann verfügbar ist. Und die sogenannte »Liebe« suggeriert uns zu allem Überfluß auch noch, daß diese Verfügbarkeit was ganz besonders Schönes ist. Aber eines Tages zeigt sich in jeder Partnerschaft, daß die »Liebe« nichts anderes als eine von unseren Müttern in uns erzeugte Illusion ist, und dann werden auf einmal die körperlichen, um nicht zu sagen gynäkologischen Tatsachen ungeheuer relevant.
Und da muß ich Dich leider jetzt mal aufklären, etwas nachholen, was Dein Vater mit Dir nie gemacht hat, der Dich ja nur zum permanenten »männlichen« Bumsen erzogen hat. Die Sache ist die, daß oben am Eingang der Vagina die sogenannte Klitoris sitzt. Die

kennst Du sicher, denn für was anderes als meine Vagina hast Du Dich ja nie interessiert. Es wurde höchste Zeit, daß wir Frauen uns auch dafür interessieren. Seit ich mit der Gruppe im Grunewald die Mondgöttin gefeiert habe, weiß ich nicht nur mehr, sondern habe auch ein ganz anderes Bewußtsein über meine Sexualität.

Besagte Klitoris, die vom Penis, einem völlig überflüssigen, aus dem Kitzler stammenden Organ ja nur imitiert wird, erzeugt den weiblichen Orgasmus. Die große Urmutter Natur wußte schon, warum sie die Klitoris ganz außen hingesetzt hat, zu ihrer Reizung ist die Penetration völlig unnötig, ja sogar eher störend. Damit zeigt die Natur ganz deutlich, sie will nicht, daß Frauen penetriert werden. Und da frau bekanntlich viel mehr im Einklang mit der Natur lebt, als der verkopfte Mann, der sich diesen Umgang ja nur als kriegerische (Kanonen und Raketen sind doch nur Phallus-Symbole) Eroberung und Niedermachung der »unten« liegenden Frau vorstellen kann, muß ich Dir leider sagen, von jetzt ab ist Schluß mit dem Penetrieren!

Du wirst das nicht verstehen, da Deine Mutter mit ihrer ödipalen Fixierung auf Deinen Penis Dir ja schon als Baby beigebracht hat, daß Dein Lebenssinn die Penetration ist. Aber ich finde, es wird höchste Zeit, daß der Mann umgepolt wird, wenn die Natur und die Welt gerettet werden sollen. Schmusen ist erlaubt, wenn frau es für richtig hält, aber sonst nichts mehr. Der Mann wird entweder soft oder er wird überhaupt nicht mehr Mann sein. Und wenn Du das nicht

begreifst, wird dir frau nicht mehr beistehen, denn wir alle stehen solidarisch zusammen und lassen es einfach nicht mehr zu.
Du wirst sehen, daß Dir das sehr helfen wird, es wird Dich von Deinen pathologischen Interessen lösen und Dich auf die Dauer friedlicher, zärtlicher und ganzheitlicher, ja fast zu einer richtigen Frau machen. Daß Du nicht gebären kannst (und deshalb immer wieder in den Schoß zurückwillst), das ist eben der »kleine Unterschied« und seine riesengroßen Folgen. Diesen Defekt Deines Geschlechts mußt Du ertragen lernen, genauso wie die Tatsache, daß Dein Geschlecht als solches ein Defizit ist – es ist halt einfach blöd, ein Mann zu sein, und deshalb will das auch niemand, der seinen Verstand beisammen hat – aber frau wird Dich dabei unterstützen, von Deiner Männlichkeit wegzukommen. Das Ende dieser lächerlichen Penetration ist dabei ein ganz neuer Anfang zu etwas, das Du eines Tages nicht mehr vermissen möchtest. Wenn ich wieder nach Hause komme, wird alles ganz anders sein. Und Du wirst eine Menge lernen müssen. Ich freue mich schon sehr drauf.

Eva

Berlin, 31. August 77

Liebe Eva,
ich hoffe, Du hast schönes Wetter. Hier regnet es. Aus Deinem Brief ersehe ich, daß dieser getrennte Urlaub (ich selber bin ja nicht im Urlaub, sondern arbeite)

doch viel mehr bedeutet, als nur das »Ausspannen« vom Partner. Es ist eine ziemlich grundsätzliche Geschichte. Zu dieser Idee mit der Klitoris kann ich nicht so viel sagen, ich denke halt nur, daß die ganze Liebe-Erotik-Sex ursprünglich dazu da war, um Kinder zu zeugen, und da ist das »Penetrieren« wohl nötig. Also wird die Natur einen gewissen Anreiz zum Penetrieren gegeben haben, und zwar nicht nur den Männern. Aber was soll das, wenn Du dazu keine Lust hast, nützen irgendwelche ideologischen oder biologischen Argumente auch nichts mehr. Meiner Erfahrung nach ist die Penetration dann kein Problem, wenn die Liebe da ist (aber Du behauptest ja, die wäre frau nur eingetrichtert worden), und das Problem fängt da an, wo die Liebe verschwindet.
Ich weiß nicht, ob Du das ganz richtig siehst. Den Wunsch nach der Penetration kann sich ein Mann eigentlich immer erfüllen (notfalls muß er eben dafür bezahlen, aber das muß er doch mit und durch die Ehe auch!). Dein Brief schmerzt mich also nicht deshalb so sehr, weil jetzt mit dem Penetrieren »Schluß ist« (Du irrst Dich, die »Schwestern« sind keinesfalls so »solidarisch« wie Du meinst, und manche sieht das ganz anders, wie ich inzwischen auf nette Weise erfahren durfte), es schmerzt mich, weil Du Dich als Person mir entziehst. Das Penetrierverbot ist dafür nur ein Symbol. Jetzt wirst Du natürlich gleich wieder sagen, daß ich halt auf die Penetration »fixiert« bin und alles davon abhängig mache. Dich möchte ich deshalb »penetrieren« (kannst Du Dich noch an die Zeit erinnern, wo wir das »Liebe« genannt haben?),

weil ich Dich liebe – wenn ich mit anderen zu tun habe, ist der Grund ein anderer. Eine Frau kann »untreu« sein, wenn sie »dabei« an einen anderen denkt (gilt für den Mann natürlich auch), aber ein Mann kann auch treu sein, wenn er es mit einer anderen treibt (gilt für die Frau natürlich auch). Penetration hin oder her – nimm es mir bitte nicht übel, wenn ich sage: am besten hin und her – so, wie ich das gerade definiert habe, bleibe ich Dir treu. Bis auf weiteres jedenfalls. Auch wenn es schwer fällt. Man wird sehen.

Dein »Bärli« Hans-Jürgen

Poona, 24. Juli 1978

Lieber Hans-Jürgen,
harte Arbeit im Encounter. Der Bhagwan will, daß wir mehr powern. In der Lecture habe ich geweint. Er ist so gut zu uns. Die Bioenergetik war im Instant Darshan noch stärker als damals, als ich Sannyas genommen habe. Du fühlst Dich wie an eine Starkstromleitung angeschlossen, absolute Awareness. Swami Satyananda, er war früher beim »Stern«, sagte nach der Sufi-Chakra-Medidation, wenn ich mein Ego weg- und alles reinlasse, werde ich zu einem explodierenden Bewußtseins-Kosmos. Der hat vielleicht eine Menge Scheiße rauslassen müssen, das glaubst du nicht. Er hatte schon mal einen wahnsinnig authentischen Tripper. Den hat er aber inzwischen weggepusht. Ich lasse rein und er raus. Totales Feeling. So pulsiert

das All im Zeitstrom. Lover sind für mich hier nicht Männer, sondern group-members mit positiver Energie, die ich anzapfe. Jeder Sprung ist ein Teil des großen Quantensprungs der Menschheit. Deshalb klotzen die Typen tierisch ran und bringen unheimlich viel Spiritualität. Was haben die mit mir gearbeitet, um meine Verspannungen im Beckenbereich zu lösen! Der Bhagwan sagt nicht wie diese albernen verklemmten Psychoklempner, wir dürfen vielleicht sogar mal, er sagt, why not, everything goes, wenn es sich ereignet. Denn nichts ist zufällig. Und es ist sicher auch kein Zufall, daß hier alles voller Deutscher steckt. Ich habe sogar das Gefühl, daß manches hier programmmäßig extra für Deutsche gemacht wird. Auch wenn alles in Englisch ist. Aber welcher Deutsche kann eigentlich nicht Englisch. Auch so ein Zeichen für unseren Minderwertigkeitskomplex. Vielleicht sind wir ganz besonders verklemmt und brauchen den Bhagwan daher mehr als andere. Er sagt, »Liebesenergie ist Intelligenz. Die größten, die intelligentesten Menschen sind auch die sexuellsten Menschen.« Welches Arschloch hat eigentlich den IQ-Fragebogen verbrochen, den ich damals am Wannsee ausgefüllt habe? Erst in Poona spüre ich das unerschöpfliche Ausmaß meiner dynamischen Intelligenz. Das ist ein völlig anderer Space. Der ganze Ashram proppenvoll von Swamis, das sind nicht so Aktentaschentypen wie in Deutschland, die bis zum Halskragen voll Scheiße sind, sondern alles Suchende, die mit ihrem device ganz locker entdecken dürfen. Mich und meine aufgeladenen Super-Vibrations. Die

Intensität meiner identity. Du läßt es kommen. Göttliches Surrender. Das haut sowas von rein, denn das ist der Unterschied zwischen dem permanenten kosmischen Super-Multi-Orgasmus im intergalaktischen Kraftfeld und irgendeiner lächerlichen blockierten Ehe-Gymnastik. Ich fahre darauf ab, für die Swamis ein alle Grenzen überschreitender ganzheitlicher Teilchenbeschleuniger zu sein. Der Counsellor meint, das sei Sensitivity Training und nicht das, was wir zwei damals auf den mitgebrachten Handtüchern im Psycho-Weekend-Workshop der Volkshochschule getrieben haben. Er hat mir dabei die Muschi geküßt. Ich fand das nur ehrlich, denn »alles geschieht zu seiner richtigen Zeit«. Es geht doch um das innere Wachstum. Da führst du auch keine Strichlisten wie irgend so ein konditionierter aufgeblasener Betthase, denn das ist die kaputte Rationalität des Westens, die direkt zum Strich führt. Wichtig ist nur, was im Augenblick passiert. Durch Bhagwan wird kosmische Energie auf die Erde kanalisiert. Unser Planet muß aber wegen der Harmonie der Sphären die gleiche Menge kondensierte Energie ins All strahlen, die er reinholt. Das sechste Gesetz der Thermodynamik sagt: Bodywork schafft Energie durch Reibung. Das hält den Ashram am Kochen, und er produziert auf diese Weise unheimlich viele Megawatts, die wir rausbeamen. Ich bin ein starkes Vehikel mitten in der Situation, lasse mich ein, kann geben und immer wieder geben, bin im Hier und Jetzt absolut da, immer offen und spontan, total in der Totalität. Du läßt es fließen, denn nur die Bewegung ist dauerhaft.

Um ein bißchen Struktur reinzubringen, laß es mich so erklären: Alles, was existiert, ist okay, weil es Teil der Existenz ist. Letztendlich ist das eine non-verbale Erkenntnis. Der Riesenknaller kommt aber erst, wenn die ganze Welt orange rumlaufen wird. Lauter schöne Menschen, zwischen deren synchron geschalteten Kontaktpolen die Funken sprühen. Im Office sagen sie, das dauert nicht mehr lange. Das wird dann tatsächlich »Agent Orange«, aber nicht wie bei den Amis der Tod, sondern das Leben. Habe beim sagenhaft erleuchteten 16-Stunden-Kloputzen (sieben Tage die Woche) in der 4. Bewußtseinsdimension meine Mala verloren und wiedergefunden. Black Hole und Paradies, Ein- und Ausatmen, rein raus. Die Irritationen dabei sind das überirdische Asthma des Bhagwan. Die nicht-denkende bloße Präsenz fällt mir leichter, als ich dachte, ich war, Bhagwan sei Dank, nie so ein Gehirntier wie Du.
Und was machst Du? Immer noch im Rattenrennen? Was mir erst hier auffällt ist, wie wenig verletzbar Du mit Deiner kranken Eifersucht bist. Ich würde Dir gern dazu verhelfen, aber Du bist ja sowas von zu. In Deinen Briefen ist eine schlechte Atmosphäre. »Du mußt das Bekannte jeden Augenblick wieder loslassen, damit dich das Unbekannte penetrieren kann«, sagt Bhagwan. Damit kann ich umgehen. Wie gehts Rebecca in der Schule? Bald wird sie eine Sannyasi sein. Air India bietet billige Charterflüge an.

Ma Pimpa Pronto

Berlin, 5. 10. 82

Liebe Eva,
ich finde es, ehrlich gesagt, ziemlich rührend, wie die deutsche Truppe ihrem Bhagwan die Treue hält. Je mehr es mit ihm bergab geht, desto stärker wird sein deutsches Kontingent und desto mehr trommeln seine Leute in der BRD. Wenn der Deutsche sich erst mal einen Führer gewählt hat, dann gibt er nicht so schnell auf, und schon gar nicht im Untergang. Vermutlich sucht er sich sogar lieber einen, mit dem die Götterdämmerung garantiert ist. Ich weiß ja nun nicht, wie sehr Du Dich in Oregon für das interessierst, was hier in Deutschland so läuft. Du bist ja so weit weg, nicht nur geographisch, sondern auch bewußtseinsmäßig, ich meine, auf Deinem kosmischen Trip. Ich bin vielleicht doch mehr so ein altmodischer Typ und kann es nicht lassen zu beobachten, was politisch hier getrieben wird.

Als alter Achtundsechziger, den Brandt in die SPD rübergezogen hat, war ich – wie Du weißt – nie ein Schmidt-Mann. Man muß aber sagen, daß Schmidt es ermöglicht hat, daß die SPD am Drücker blieb, und die war für mich, das hat uns Willy damals beigebracht, immerhin das kleinste politische Übel in der BRD. Insofern hat Schmidt zumindest in seiner ersten Zeit (»Doppelbeschluß« mal weit außen vor gelassen) eine echte politische Funktion gehabt.

Und eben dieser Schmidt und seine Partei sind jetzt gekippt. Es war nicht Kohl, der das geschafft hat, es war die ewig unzuverlässige FDP, die ja mit Mende schon mal »umgefallen« war. Diesmal war Genscher der Verräter, und dieser Fluch wird ihn bis ins Grab verfolgen. Er hat seine großen Ohren in den Wind gestellt, und der hat ihm eingeblasen, daß jetzt angeblich die »Wende« fällig sei. Diese Art von Treulosigkeit in der Politik halte ich für typisch deutsch. Woanders handeln in der Politik nur irgendwelche Interessenvertreter ihre Interessen aus, da ist das Ganze ja nichts anderes als ein Kuhhandel. Nur wo in diesen Dingen – wie bei uns in Deutschland – höher gedacht wird, Maihofer hat damals das Zusammengehen der Arbeiterbewegung und Liberalismus für einen historischen Auftrag gehalten, geht der Dolchstoß tiefer und schmerzt sehr. Bei Willy war es der Guillaume, der sich immer als sein Getreuester ausgab und sich dann als Abgesandter des anderen Teils der so heillos gespaltenen Arbeiterklasse entpuppte.

Von der FDP war im Grunde nichts anderes zu erwarten. Ich habe diese Pressure Group der deutschen Zahnärzteschaft immer als den wackeligsten Teil des deutschen Kleinbürgers erkannt. Und genau das war sie auch diesmal wieder, das ist, wenn man so will, ihre Form von Grundsatztreue.

Ich weiß gar nicht, ob Dich das alles interessiert. Aber es ist einfach niemand da, mit dem ich darüber reden kann. Die Linke, »unsere« Linke, ist in alle Winde zerstoben, die einen sitzen in der Toscana, die anderen in Werbeagenturen, die ganz Cleveren machen sogar beides, in den Kneipen tauchen Leute auf, die Du nie für möglich gehalten hättest. Denen ist die Analyse, die sie von ihrem Therapeuten kriegen, wichtiger als die,

welche ich Ihnen über die politisch-gesellschaftliche Situation geben kann. Ich habe dort einen ziemlich widerlichen Spitznamen verpaßt gekriegt. Wenn die mich sehen, brüllt der ganze Saal nur noch »Spucknapf«! Das kommt daher, weil ich angeblich ohne Punkt und Komma ständig jedem, der in Ruhe sein Bier trinken will, zu erklären versuche, »wie alles mit allem zusammenhängt«.
Komm bald wieder! Das »Alleinerziehen« der Rebecca ist auch nicht so einfach. Irgendwie klappt das mit der Bezugsgruppe nicht, die hat natürlich unsere ganze Kinderladenliteratur nicht gelesen und weiß daher nicht, daß ein heutiges Kind nicht klammert.
Wir warten auf Dich,

Hans-Jürgen + Rebecca

Berlin Mittwoch 1985

Lieber Tomas,
ich ein Brief, wau! Die Briefträgerin kugte auch ganz komisch wo sie mir den gegeben hat. Die hat sonst blos Reklame, Rechnungen und SchiroKonto und mal was von ner Tante aus der Zone die, wo ein Pekchen haben will. Und alles so ordentlich geschrieben. Du könnst ja auch anrufen. Ich freu mich sehr aber vielleicht tu ich auch mal Telefonieren zum antworten, das ist doch mehr so direkt. Aber schreibe bitte wieder, ich werde das alles aufheben habe ich schon eine Schachtel für.
Ich bin Krebs, und es stimmt schon irgend wie mit dem

Sternbild. Die Sterne lügen nicht. Die Krebse sind ja nicht so nach Aussen und ich habe nur eine Freundin, das ist meine Ratte Marilin. Da erschreken sich Manche Leute richtig und das macht spaas. Sogar der papa wo immer so tut daß Ihm nichts was aus macht weil er alles total tschekt, hat geschimft. Aber jetzt giebt er beim saufen ganz Stark an mit mir und meinem Fiech. Er war bei den Wessis im gefengnis wegen »treue Gelebniß« der Bundeswehr. Aber nur EIN Tag. War er mit dabei demonstrieren. Davon erzelt er stunden Lang. Ich kanns nicht mehr höhren. Der wird nicht mehr anders. Der nerft mich so was von Furchtbar.
Jetz weiß ich nichts mer.

Dschüßi Rebecca

Berlin, 12. August 85

Liebe Rebecca,
großen Dank für Deinen guten Brief. Ich wundere mich noch heute, wie ich Dich bei den Blobels treffen konnte. Die Party war so daneben, daß es fast schon wieder schön war. Ein unmöglicher Platz zum erstaunlich schlecht gewählten Zeitpunkt mit den völlig falschen Leuten, die außerdem noch die unpassendsten Klamotten anhatten. Ich verspreche Dir bei meinem Armani-Jackett, das wird uns nie, nie wieder passieren! Erst habe ich nur den Mahagoni-Schreibtisch im Arbeitszimmer gesehen und gedacht, das darf doch nicht wahr sein, das ist ja noch schlimmer

als Ikea. Und dann standst Du daneben. Mir war völlig klar, daß Du nur ein Model sein konntest, so von Deinem Aussehen und dem Outfit her, das die Blobels angeheuert haben, um ihre lächerliche Party ein bißchen anzuheben. Du warst einfach zu schön, um wahr zu sein. Und dann war es doch wahr. Seitdem träume ich davon, daß wir ein tolles Traumpaar sein werden. Wußtest Du, daß Liebende heute wieder Briefe schreiben? Geil!

Dein Bericht über Deinen Alten erinnert mich sehr an meinen. Ich finde das so typisch deutsch, wenn die sich mal in was reingesteigert haben, kommen sie nicht mehr raus. Verlieren den Überblick, wissen wirklich nicht mehr, was los ist. Und dann diese ewige Naivität. Die halten sich immer noch für die Größten, und das in den Klamotten. Meiner hat zusätzlich noch eine ganz üble Masche. Der macht auf jung. Wenn der ein neues Wort von mir hört, bin ich sicher, speichert er es sofort im Wörterbuch seines Computers. Schön wäre es halt, wenn er auch noch die Wortbedeutung mit eingeben würde. Wenn Du den von »hip hop« und »funk« und »rap« und »rasta« schwafeln hörst, alles aus dem »Wiener« abgekupfert, wird dir übel.

Da fällt mir ein, daß ich zur Klavierstunde muß. Dafür rückt der Alte das Geld raus, für ihn ist das »music«. Rebecca ich liebe Dich bin wahnsinnig in Dich verknallt, weil Du so gut zu mir paßt. Ciaou bis heute Abend im »Salambo«.

Dein Dich liebender Thomas, genannt »Rick«

Berlin, September 85

Lieber Rick,
manchmal weis ich garnicht ob, ich wirklich zu dir paße. Ich habe doch nicht so viel Geld weil ich bin arbeits Los und, wenn ich mal was falsches anhabe was dann? Viel weis ich nicht. Ich habe jetz zwar die Aufnameprüfung zum zweiten bildungs Weg bestanden weil, in Berlin ist viel Schansen Gleichheit. Ihr redet immer so komisches Zeuch da weis ich oft nicht was das soll. Ich finde aber immer nur Klamotten und Innlokale auch nicht richtig. Eine Frau ist ja nicht das ganze Leben Lang nur schön. Und was dann? Meine Mutter hat schon das ganze Wonzimmer voller Töpfe weil sie macht immer selber Keramik. Die Töpfe sehen blöd aus und die Mutter finde ich albern. Das bringt es doch nicht. Man muß irgendwie treu sein zu sich selber und dem stern Bild wo man ist. Dann ist schon alles oke. Ich habe manchmal Angst daß Du zu viel von mir hälst. Und dann ist aufein Mal alles Aus. Ich habe ja nicht Mal mehr Marilin. Denn die mußte ich ja als Pankratte weggeben. Ich glaube, da wer ich sehr traurig.

Tschau Rebby

Berlin, 3. Januar 86

Geliebte Rebbie,
ich habe Weihnachten einen CD-Player bekommen. Nur von »Quelle«, was ich ziemlich öde finde, aber mein Alter sagt, daß er nicht so viel Geld hat, und daß

ich angeblich »das Geld für jeden Scheiß zum Fenster rausschmeiße«. Und da gibt es ein großes Problem, das ich hier besprechen möchte für den Fall, daß die Nachwelt mal meine Briefe liest.
Für mich sind die Zwanzigerjahre die große Zeit, wenn es eine Wiedergeburt gibt, habe ich da sicher schon mal gelebt mit Tanz auf dem Vulkan und so. Wenn ich aber die Zwanziger auf CD höre, dann merke ich, daß die alle »Neben«geräusche rausgefiltert haben, so wie die Begleitmusiker und alles andere im Soundtrack zum Charlie-Parker-Film. Das finde ich aber völlig falsch.
Das Problem liegt darin, daß die Leute wirklich nicht wissen, was »Wiedergabetreue« wirklich ist. Zur Schellack-Platte der Zwanziger gehört das Knistern dazu wie der gute alte Gin Tonic zur Screwball Comedy. (Den kann man übrigens heute auch wieder ganz gut trinken, wenn das Ambiente stimmt.) Wenn ich das wegnehme, dann höre ich nur noch CD, aber nicht mehr »Die Zwanziger Jahre auf Schellack in CD«. Und ich frage Dich ernsthaft, wer will den CD pur hören, das ist ja wie Aqua minerale ohne Minerale. Der Purist ist der Tod jeder Kultur, denn die besteht ja letztendlich nur in den Zwischentönen.
Es ist ein Jammer, daß mir das alles im »Stromboli« nicht eingefallen ist, als davon die Rede war. Ich sehe schon, das Reden mit Dir wirkt ungemein bildend auf mich, und ich kann mir nur wünschen, daß Dir das auch so geht.

Dein heißgeliebter Rick

Berlin, 15. Februar 1986

Lieber Rick,
immer will ich dich anrufen aber ich traue mich nicht. So schreibe ich den Brief. Die Bettina ist ein Miststük, das weis ich aber, die behauptet immer sie siet Dich mit der Gabriele im Kafee. Die Bettina hat mir ein Buch gegeben und blöde gegrinst und ich habe das auch schon gelesen. Es heist wenn Frauen zu viel lieben. Jetz weis ich daß, ich bin eine Frau, die zu Viel liebt. Auch wenn du sagst ich, liebe zu wenig, weil ich blos immer auf meine Frisur aufpasse. Das kommt aber nur weil, Du meinst ja mit Liebe was Anderes. Halt immer das gleiche. Ich glaube manchmal daß, Männer können gar nicht lieben jedenfalls nicht genug. Jetz meine ich aber nicht schon wieder DAS!!! Ich bin auch so eine wie im Buch steht. Immer kriege ich den Falschen Mann der nicht treu ist ich aber schon. Ich möchte wirklich wissen warum, ist das immer so bei mir. Von jetz ab mache ich es aber auch so denn was die Männer können kann ich schon lange. Weil ich kann an Jedem Finger mindestens 10 haben bei meinem Autfit. Habe aber bis jetz nur immer einen am Finger gehabt. Das wird jetz ganz, ganz anders. Du wirst schon sehn und dann blöde aus der Wesche kucken. Dann es ist aber zu spät.

Rebecca

Berlin, 1. April 87

Liebe Rebbie,
das ist ja wirklich eine Katastrophe mit diesem AIDS, der »Spiegel« bringt jede Woche immer noch schlimmere Horrorstories. Ich fürchte, gerade wir jungen Menschen, die das freie Leben genießen, müssen uns darauf einstellen. Ich habe lange darüber nachgedacht und bin zu folgendem Entschluß gekommen.
Da man ja weiß, wie das die Frauen heutzutage treiben, müssen wir uns etwas einfallen lassen, um den Virus abzublocken. Wir beide müssen daher ein Monogamieabkommen abschließen, das insbesondere eine genaue Informationspflicht enthält.
Das heißt zwar, daß man seinen alten Partner, also in diesem Falle ich Dich, immer »wiederaufarbeiten« muß, aber wenn wir das nicht machen, läßt AIDS uns auf die Dauer keine Chance. Es ist klar, daß jeder da aussteigen kann, aber er muß rechtzeitig Bescheid sagen.
Genauer gesagt, bedeutet das, keiner von uns macht ungeschützten Geschlechtsverkehr mit einem anderen, und wenn es passiert, dann teilt er es dem anderen mit. Irgendwelche stories, die bloß so laufen, im Cafe sitzen und sowas, gehören da nicht dazu, hier geht es nur ums Bett.
Da AIDS ziemlich gesundheitsschädlich ist, hoffe ich, daß Du damit einverstanden bist. Wenn ja, dann schicke mir doch den Brief unterschrieben zurück.

____

Unterschrift Rebecca

Weißt Du auch, daß Ansteckung demnächst vom Gericht bestraft wird?
Der Georg will sich testen lassen. Wäre vielleicht keine so schlechte Idee. Was meinst Du?

In alter Liebe Dein Rick

München, 21. Nov. 88

Liebe Eva,
herzliche Grüße aus dem boomenden »Isar Valley«. Die Leute werden wirklich immer blöder, »Silicon Valley« gibt noch einen Hauch von Sinn, das ist ein Tal, wo es Silicium gibt, aus dem man Chips macht.
Aber Isartal? Was soll das? Aber für einen Computermann meiner Spezifikation ist das ökonomische Klima hier nicht übel, und ich habe den Umzug noch nicht bereut. Politisch ist das hier natürlich wirklich der Arsch der Welt, aber für Politik habe ich sowieso nicht mehr so viel Zeit. Wenn ich es in der Firma schaffe, darf ich vielleicht sogar nach Sindelfingen. Von München aus gesehen, ist das der absolute Gipfel.
Deine Frage, ob Du bei uns Quotenfrau werden kannst, ist nicht so leicht zu beantworten. Dein Background ist nicht schlecht, frauenideologisch hast Du – soweit ich das beurteilen kann – alles mitgemacht, was eine Frau Deines Jahrgangs hinter sich zu bringen hat, wenn sie ein Bein auf die Erde

bringen will. Personalpolitisch stehen hier trotz des 40-Prozent-Auffangbeckens nicht so viele auf der Matte, wie man annehmen sollte, die echt Bewegten sind oft Grüne, und die mehr Modischen werden magisch von der FDP angezogen. Das strenge Regiment von Graf Silberkrücke bedarf zum Ausgleich einer Großpackung weiblichen Charmes. Trotzdem wird es nicht so einfach sein, denn natürlich gibt es in der Partei auch für Frauen sowas wie die »Ochsentour«. Ein Name dafür ist noch nicht gefunden, er muß auch andere Sachverhalte benennen, man wird kaum andeuten können, daß sterile Frauen (das entspräche ja wohl den »Ochsen«) sich nach oben buckeln. Auch wenn jetzt eine Menge Posten frei werden, sollte trotzdem ein bißchen was wie bereits praktizierte Parteiarbeit schon nachweisbar sein. Auch die Frauen sind bei aller »Frauensolidarität« (die nach meiner Meinung nur ein feministisches Gerücht ist) von Quereinsteigerinnen alles andere als begeistert. Sogar die lovely Rita haben die CDU/CSU-Schwestern ganz schön gezwiebelt, bis sie anerkannt war. Und jetzt hat ihnen der Kohl auch noch die Lehr aufs Auge gedrückt. Die Treue zur Partei und die Treue, welche diese erwidert, sind halt nun mal zwei Paar Stiefel. Das ist ein alter Hut.

Was die SPD angeht würde ich sagen, komm doch erst mal rein und schau dir den Laden an. Beziehungsweise das, was in Bayern davon noch übriggeblieben ist. Peter Glotz, der ständig von mir redet (»wir brauchen den Computerfachmann bei Siemens« – nur die Firma ist eine andere) gehört da vielleicht auch bald nicht mehr dazu. Parteitreue ist in der SPD genau so eine Einbahnstraße wie woanders, und die bayerische SPD hat dazu noch eine ganz besonders eigenartige Weise, ihr Gewicht zu erhöhen, es ist die Methode Hiersemann. Nachdem Jenninger kräftig abgespeckt worden ist, könnte das unserem hiesigen Kandidaten auch nicht schaden. Kohl macht das immerhin jedes Jahr und ist auf diese Weise genau das brave Gewohnheitstier, mit dem sich eine Menge Leute identifizieren können. Bei uns wird man damit sogar Kanzler. Daß er mit seiner Sekretärin schläft, die jetzt natürlich schon ganz was anderes ist, nimmt ihm nicht einmal mehr die CDU übel, das ist in Deutschland inzwischen Standard.

Der Waigel will jetzt im CSU-Parteiprogramm die nationale Komponente deutlicher machen, um die Leute vom rechten Rand (ein euphemistischer Ausdruck für neue und alte Nazis, auch wenn es der Schönhuber nicht wahrhaben will) zu halten. Da Strauß ja nun in die ewigen Jagdgründe abgewandert ist, muß das Programm bewerkstelligen, was früher problemlos der Vorsitzende deichselte.

Es ist wirklich komisch, die Kameraden von den ewigen nationalen und sittlichen »Werten« haben sich von einem Sprüchemacher einfangen lassen, der ihnen jeden Tag was anderes erzählte, Kommunisten, Sowjetunion und DDR liquidieren wollte und sie danach umarmte und auch mal einen Milliardenkredit streute, je nach seinem Alkoholpegel und dem Grad an Beachtung, die man ihm schenkte, das einzige, worauf er wirklich geil war.

Die Treue des Rechten zu den Prinzipien (ich sage nur Bismarck!) ist ja überhaupt ein leerer Wahn, was er in Wirklichkeit will, ist der starke Mann, mit dem er sich identifizieren und stark fühlen kann und der ihm so über seine eigene Mickerigkeit hinweghilft. Und die Stärke des starken Mannes zeigt sich eben darin, daß er völlig nach eigener Willkür mit Personen, Sachen und Themen umgeht. Jede neue Wendung des starken Mannes läßt seine schwachen Hintersassen vor masochistischer Lust aufstöhnen. Wieder hat er ihre Prinzipien und damit sie selbst vergewaltigt, oh wie stark er doch ist!
Tut mir leid, daß ich Dich schon wieder mit dem alten politischen Kram nerve, gelegentlich komme ich mir selber wie eine Schallplatte vor, wo der Tonarm immer durch die gleiche Rille läuft. Aber andererseits muß ich sagen, als kommende SPD-Quotenfrau kommst Du um solche tiefschürfenden Polit-Analysen nicht herum, und es ist immer noch besser, sie werden Dir von Deinem Ex-Mann, mit dem Du eh nichts Besseres zu bereden hast, serviert, als von einem Lover, von dem man was anderes erwarten darf.
Manchmal habe ich den Verdacht, den Rechten laufen die Leute sogar nur deshalb zu, weil sie ständig was anderes erzählen (dazu die ohne Unterbrechung laufende philosophische Glitzershow im kapitalistischen Überbau, wo hochqualifizierte Gehirne für sehr viel Geld sich immer neue Mogelpackungen ausdenken). Und uns laufen die Leute weg, weil wir immer das gleiche verzapfen. Das heißt, die Ideologie von der Treue zu den gleichbleibenden Werten produziert

Veränderungen am laufenden Band (natürlich keine richtigen). Die linke Ideologie, welche ständige Veränderung predigt, bleibt auf eine todlangweilige Weise ihren Prinzipien treu. Ob Du es glaubst oder nicht, sogar mir selber – der ich ja nun wirklich ideologisch hart im Nehmen bin – geht der immer gleiche linke Seich schon manchmal auf den Geist. Ich kanns einfach nicht mehr hören. Dann schaue ich mir halt auf Video meine alten Western an.
Ideologisch sind sie natürlich der letzte Dreck, aber sie sind so schön. Ich stelle mir vor, das ist wie mit den Vergewaltigungsphantasien, die Frauen – auch nach den Bekundungen aus allerreinsten feministischen Quellen – haben sollen. Die sind natürlich absolut frauenfeindlich und in jeder Beziehung – leider – unmöglich. Aber sie sind halt so schön.
Es ist die alte Frage, die mir bisher noch niemand, und schon gar nicht ein Marxist, beantwortet hat. Was ist der Mensch? – Unterfrage (nach Freud): Was will das Weib? Ich hoffe, Du kommst mit Deinem Projekt »Frauenphantasien« gut voran. Hast Du denn schon ein paar beisammen? Ich meine, außer Deinen eigenen? Ob ich mal einen Blick reinwerfen darf, bevor all die anderen Männer das lesen? Ich meine, das gäbe mir doch einen Vorsprung vor den Konkurrenten. Es wäre für ein paar Monate sowas wie »Herrschaftswissen«, obgleich ja damit eine Herrschaft über das Weib heutzutage nun wirklich nicht mehr zu kriegen ist. Oder neuerdings vielleicht doch wieder? Bei den ganz Jungen soll Treue wieder hoch im Kurs stehen. (Mir fällt auf, daß ich in solchen Fällen »ganz«

dazu setze, denn »jung« bin ich ja immer noch. Vielleicht doch nicht »forever young« zu sein, ist – glaube ich – die einzige wirkliche uralte Angst des 68ers. Die bleibt ihm treu!)
Insofern ein paar Grüße in alter Frische vom alten Freund

Hans Jürgen

(Ich lasse den »Bindestrich« zwischen Hans und Jürgen inzwischen weg, weil ich diese Bindungen und Zwänge irgendwo immer noch wahnsinnig hasse.)

Knaur

Satire

WERNER SCHNEYDER

SATZ FÜR SATZ

Ein Kabarett-Solo mit Fußnoten

Originalausgabe

Band 2135 · 128 Seiten · ISBN 3-426-02135-8